ISBN 978-1-7366431-0-5

Página web: www.veronicaaviles.com

Redes sociales:
www.facebook.com/veronicaavilessm
www.youtube.com/VeronicaAviles
Instagram: @veronica_avilessm
Correo electrónico: info@veronicaaviles.com

Programa Emprende Con Tu Libro
Mentora en autopublicación: Anita Paniagua
www.anitapaniagua.com

Edición y corrección: Mariangely Núñez Fidalgo
arbola.editores@gmail.com

Diseño gráfico y portada: Amanda Jusino
www.amandajusino.com

Fotografía de la autora: Lázaro Torres
Correo electrónico: newlightfilms@gmail.com

Verónica Avilés Rosario

LA MAGIA DE
CREAR TU TIENDA ONLINE

7 pasos probados que puedes duplicar
para ganar mucho más... mucho más rápido

Testimonios

«Decidí comenzar a emprender cuando me di cuenta de que podía ganar más, trabajando para mí que para otro, tras siete años –cansada y agobiada– en la industria farmacéutica como propagandista médico. Quería darle tiempo de calidad a mi familia. Tomé un curso de Verónica y hasta el día de hoy, no he trabajado con más nadie. El contenido del programa EA tiene muchísimo valor y es el más completo en español en Latinoamérica. Me ayudó con las herramientas necesarias para llevar mi negocio de $500 a $10,000 dólares al mes; yo sin saber nada de tecnología, ni tenía cuenta de Facebook. Lo hice utilizando al pie de la letra todas las herramientas».

–Jennifer Maldonado, Océano Premium Clothing

«El Programa eCommerce Avanzado es ¡espectacular!, superdetallado y muy completo. Da las herramientas para hacer de tu pasión un negocio. Recuperé mi inversión en dos o tres meses. Ha ayudado a que mi negocio crezca mucho más de lo que imaginé. Me ayudó a perder el miedo y lanzarme con todo. Me encanta la manera de explicar de Verónica y, sobre todo, su autenticidad. Ella genera confianza y se nota que quiere de corazón el bienestar de sus estudiantes».

–Katia Y. Gonzalez, Katiyari

«Verónica, me encanta que la vida me sorprenda con personas tan dedicadas, entregadas, conocedoras y con ansias de crecer. Gracias».

-Zuleyka Rivera, Miss Universe 2006, modelo y actriz
(www.zuleykarivera.com)

«Mediante las clases que tomé con Verónica Avilés, emprendí mi tienda *online*. Ella no solo te enseña a crear tu tienda *online*, también te explica diferentes formas para hacer que genere resultados. En el primer mes vendí más de $4,600.00 (cuatro mil seiscientos dólares) sin tener experiencia previa en comercio electrónico. Actualmente, sobrepaso las seis cifras y nos hemos podido expandir de Puerto Rico a los Estados Unidos. Hoy por hoy, Verónica me lleva de la mano y me mantiene al día en todo lo referente al manejo de las redes sociales de mi negocio».

-Adlín Rodríguez (www.glamdistributors.com)

«Fue impresionante que, en apenas unas horas, Verónica le dio vida a tan especial proyecto de la modelo y empresaria Sofía Jirau. Desde la selección de productos, estrategias, en fin, cada detalle hasta materializar Alavett.com. Recomendamos a Verónica por su conocimiento, responsabilidad, sensibilidad y compromiso con sus clientes y estudiantes».

-Team Alavett (www.alavett.com)

«Comencé el eCommerce Avanzado y con Verónica Avilés al mes de abrir mi tienda *online*. Necesitaba dirección. El contenido del programa es exquisito. Tiene todo lo que se necesita para comenzar con el pie derecho. Incluso si aún no sabes qué puedes vender, cuál método de negocio realizar o qué te apasiona, este programa te ayudará. Es todo lo que necesitas para emprender desde cero. Comencé un abril y en mayo puse todo en práctica. Terminé ese mes con $6,000. Actualmente genero más de $16,000 al mes. El programa me ayudó grandemente, con estrategias de mercadeo, estética, visión y procesos que hoy día agilizan mi trabajo y me dan la libertad que tanto anhelaba.

Verónica Avilés es una mujer con mucha entrega, le apasiona lo que hace, es un "rol model". Lo mejor es que está ahí para sus estudiantes en todo momento».

–Thalía Rodríguez Pagán, Tropical Vibes and Co.

«Sabía que tenías mucho conocimiento en el tema, pero el verte en acción, escuchar tus recomendaciones y ver todo lo que aprendió mi equipo de trabajo en un par de horas, superó mis expectativas. Mereces cada logro. Toda persona que tenga una tienda o negocio en línea, o esté en vías de desarrollarlo, debería conocerte. Gracias, Verónica».

–Arnaldo Santiago, *Diary of Trips* (www.enunviaje.com)

«Ya tenía mi tienda *online* cuando me inscribí al Programa eCommerce Avanzado. Mi tienda *online* pasó de vender menos de $500.00 en todo un año a $7,000.00 en solo tres días. Verónica Avilés es el recurso más experimentado en la educación de «E-commerce» en Puerto Rico, Latinoamérica y, con certeza, en los Estados Unidos».

– Astrid Piñeiro (www.cafecostura.shop)

«Estoy sorprendido con el trabajo de Verónica Avilés. En medio de una pandemia, Verónica nos ayudó a buscar una manera distinta de acercarnos a nuestro cliente. En menos de cuatro a cinco horas, Verónica le dio vida a nuestro proyecto y fue un rotundo éxito. Estoy complacido, ya que nuestras ventas incrementaron un 100%. Era la única herramienta que podía utilizar en esos momentos. Actualmente, nuestra tienda *online* es parte de nuestro negocio y nos permite proveer nuestros productos a Puerto Rico y los Estados Unidos».

–Luis Prieto (www.lechontogo.com)

«Nuestra tienda comenzó como un negocio ambulante en el 2015. Ahora en el 2020, siendo parte del Programa eCommerce Avanzado, rediseñamos nuestra página de internet para que a los clientes se les haga más fácil navegar en ella. Nuestras ventas están en las cinco cifras anuales y ¡vamos por más! Gracias, Verónica, por toda tu ayuda. ¡Eres la mejor!».

–Sonia Jiménez (www.lovely-headbands.com)

«El Programa eCommerce Avanzado es ESPECTACULAR. Vero se mantiene actualizando los módulos y, lo mejor de todo, me contesta cualquier pregunta personalmente y eso para mí vale mucho. El programa me dio TODAS las herramientas que necesitaba para emprender en el «e-commerce». Me ha enseñado a crear desde el logo, dominio, página web, crear contenido y crear anuncios. La inversión la recuperé al segundo mes de abrir la tienda online. Verónica para mí es un sol, es luz, la considero mi amiga. Es una mujer que nada la detiene, que inspira y, sobre todo, es muy comprometida. Me encanta que ella se mantiene aprendiendo cada día para darnos lo mejor».

–Glorymar A. Negrón Pabón, Solarena Boutique

«Ya me había resignado a la vida simple que me esperaba. Una y otra vez fallé en los negocios. Hasta que un día vi un vídeo de Verónica mostrando los resultados de su tienda online. He sido parte de sus cursos y eventos y, gracias a ella, aprendí disciplina, el valor que tiene el conocimiento, estrategias y temas técnicos de comercio electrónico. He lanzado tiendas online, junto a mi esposa y hemos llegado a las seis cifras en un mes. Estoy seguro de que este libro te cambiará la vida. Permítete triunfar en la vida, una página a la vez».

–Emanuel Báez, Báez Ecomm

Dedicatoria

Para mi comunidad, estudiantes y clientes que día a día toman de su tiempo para mantenerse conectados y educados conmigo. Aquellos que han decidido tomar la responsabilidad de encontrar sus habilidades y compartirlas con el mundo. A esos que reconocen que el mundo está lleno de oportunidades, las toman y las usan al máximo. Para esos que me acompañan en el camino, ustedes, mis e-compresarios.

Tabla de contenido

La gratitud siempre es mágica

Gracias a Dios, por trazar el camino, acompañarme y darme la oportunidad de impactar el mundo;

a mi esposo Emmanuel, por su deseo de verme crecer y dejarme saber que siempre puedo hacer más;

a mi hijo Isac, por ser mi mayor motivación;

a mi hermano Carlos, por ser mi guía e inspiración;

a mi padre Carlos Avilés y mi madre Irma Rosario, por entregarme los valores para ser un mejor ser humano y líder;

a mi equipo de Emprende Con Tu Libro: Anita Paniagua, Mariangely Núñez Fidalgo y Amanda Jusino por su apoyo y compromiso con cada uno de mis proyectos y por ayudarme a plasmar mi conocimiento en este libro;

a mi equipo de trabajo, por tomar mi marca con responsabilidad, trabajar para brindar lo mejor a mi comunidad y acompañarme en el proceso.

De $7.25 la hora a $107,000 dólares en ventas al mes como por arte de magia

*«Si quieres vivir una vida simple, eso es hermoso.
SI quieres utilizarlo como excusa para vivir por debajo
de la capacidad que Dios te ha dado, eso es negligencia».*
-Erwin Mc Manus

Si le hubiera dicho a mi **estudiante** que podía generar más de seis cifras en un mes con una tienda *online*, no lo hubiese creído. Especialmente, porque antes de comprar el boleto de mi evento presencial, me escribió al *inbox* de Facebook: «He dudado mucho para tomar tus cursos porque siempre que he pagado para "coach[ing]", voy a hoteles y terminan "vendiéndome" un "sistema" de mercadeo o la promesa de que X o Y compañía me ayudará a salir de este sistema de trabajo y no funciona». Simplemente, le di la información de mi curso. No solo se matriculó en el evento, sino que continuó nuestra relación de estudiante-mentora. Estoy segura de que jamás imaginó que siete meses más tarde, iba a poder liberarse del ponchador de un restaurante de comida rápida, donde le pagaban el salario mínimo federal de $7.25 la hora, para dedicarse a tiempo completo a sus tiendas *online* donde logra generar sobre $100,000.00 dólares al mes. Sí, lo menciono en plural porque ya tiene más de una tienda y las trabaja junto a su esposa.

Así como le sucedió a Emanuel, les ha pasado a muchos de mis clientes y estudiantes que han utilizado el «e-commerce» (comercio electrónico en español) para vender sus productos y servicios, resaltar su marca alrededor del mundo y ganar mucho más, mucho más rápido.

El «e-commerce» no es un secreto ni tampoco cosa del futuro. Ahora mismo es la mejor ola para montarse. Quien no lo haga se lo va a perder y se va a quedar con las ganas. Va a decir: «Yo estuve ahí y no me atreví». Como quiera, la ola lo va a arrastrar porque no hay cómo evitarla. Solo algunos la disfrutarán y gozarán de sus recompensas. De hecho, ¿quién diría que, en el 2020, mientras escribo este libro, viviríamos una pandemia que nos obligaría a estar en nuestros hogares y entrar al mundo *online*?

Según la agencia de noticias *The Associated Press*, en estos momentos de cuarentena, el comercio electrónico ha aumentado un 52% y los negocios que están subsistiendo son aquellos que tienen sus servicios o productos de manera digital. Las personas acuden a la internet para pedir sus productos de primera necesidad y de rutina y evitar los contagios.

Algunos negocios me contactaron de inmediato para ver de qué manera podíamos crear la plataforma para comenzar a vender sus productos en el mundo o, al menos localmente, porque ni al vecino se le puede vender de manera física. He visto diseñadores de ropa creando mascarillas, y agricultores y restaurantes colocando sus productos *online*. Lamentablemente, tuvieron que esperar a que ocurriera una situación difícil como esta para reconocer que este es el negocio rentable por excelencia y que todos nos tenemos que actualizar.

¡Este es el mundo en que vivimos todos! No importa donde te encuentres, el comercio electrónico nos acompaña a todos lados. Ya estamos viviendo en un mundo donde puedes comprar a través de un televisor, un asistente de voz como Alexa, incluso desde la nevera cuando esta es inteligente y está conectada a la internet. De hecho, mi abogada tiene una pantalla en su nevera que le dice qué le hace falta, dónde lo puede conseguir y hasta le provee cupones para que ahorre cuando vaya a comprar esos artículos. Imagínate tener la oportunidad de tener tus productos y servicios al alcance de la nevera de las personas.

Y todo esto ha crecido tanto porque cada día son más las personas que compran de manera *online* sus productos esenciales para el cuidado personal, para mascotas, para autos, libros y más. ¿Y tú?, ¿cuándo fue la última vez que compraste algo por internet? Yo ordeno algo tres a cuatro veces a la semana. Ya las personas no quieren tener que vestirse, encender el auto, tomar tráfico, llegar a la tienda, medirse la ropa y tener el contacto con las demás personas. Recuerdo hace una década cuando decían que las ventas de productos *online* no iban a funcionar porque las personas iban a querer probarse su ropa. ¡Eso es un mito del pasado! Los otros días compraba un par de espejuelos en una tienda *online* y en ella me permitían poder tirarme una foto. De esta manera, la plataforma reconocía mi rostro y colocaba en él los espejuelos que seleccionaba para saber cómo me iban a quedar.

Las personas aman comprar de manera *online*. Quieren todo más fácil. Disfrutan lo que yo le llamo «el gustito»: cuando estás en tu casa y te llega ese paquetito a la puerta de tu hogar. Tú sabes lo que es, pero te disfrutas ese momento de todas maneras. Algunos hasta están pendiente y verifican el número de rastreo varias veces para ver por cuál lugar del mundo va su producto.

Y quizás, al mencionarte todo esto, te puedas sentir confundido. Tal vez te preguntes si podrás hacerlo y si no será complicado. Mi contestación es que ¡es posible! No importa dónde te encuentres, tu experiencia, ni cuántos años tengas. De hecho, tengo estudiantes *baby boomers* que pasan de los 60 años de edad y tienen sus tiendas *online*.

¿Por qué puedo ayudarte a comenzar en el «e-commerce»? Porque sé lo que es iniciar desde cero: estar confundido, no saber cómo empezar y no tener las herramientas necesarias a la mano. Lo viví cuando me encontraba aterrada en un cubículo donde ejercía como ingeniera ambiental. Pensarás que una ingeniera ambiental debe ganar mucho dinero, pero ese no era mi caso. Entre todo lo que me quitaba el gobierno, yo, una ingeniera revalidada ganaba $1,600.00 dólares al mes; y si tenía compañeros que ganaban $2.00 - $3.00 dólares más la hora, era porque llevaban 15 años en la agencia. Dentro de la angustia y la poca mentalidad empresarial que tenía, se me hacía difícil ver que afuera de ese cubículo había un mundo lleno de oportunidades al alcance de todos. Reconocí que necesitaba un cambio en mi vida para poder tener más tiempo con la familia. Dentro de mí había ese deseo ardiente que me decía: «Tú naciste para hacer algo más»… «Tú puedes lograr más de lo que tienes»… «Tú puedes ser libre». Más allá de los ingresos, quería buscar la manera de generarlo desde mi casa.

Hice lo que muchos hacen. Colocar en la búsqueda de Google: ¿Cómo genero dinero por internet? Lo que uno encuentra en estos tipos de «research» son alternativas que no son del todo muy confiables u otras de mucho riesgo. Hasta que un día, navegando en mis redes sociales, encontré a una persona que publicó sus ventas recientes en Amazon. Ese fue el primer momento en que vi alguna alternativa que me llamó la atención. La contacté y le pedí información. A la semana siguiente, invertí más del 50% de mis ahorros para que me enseñara de una manera muy básica cómo vender productos haciendo «drop shipping» por Amazon. Me lo tomé muy en serio y apliqué inmediatamente lo que aprendía. Cuando en solo nueve días generé $1,090.00 dólares desde mi casa, me convertí en una fanática del «e-commerce». Me enamoré de él y de sus beneficios.

Saber que más allá del dinero, iba a tener control de mi tiempo me tenía fascinada. Estudiaba de día y de noche. Leía múltiples libros, hacía investigaciones, tomaba cursos adicionales y los ponía en práctica. Probé variedad de plataformas hasta que llegué a crear mi primera tienda *online*, luego de que mi hermano me llamó una noche para hablarme de Shopify. En el primer mes, ya generaba lo mismo que me estaba ganando en mi trabajo en la agencia de gobierno. ¿Lo más que disfrutaba? **Aun durmiendo generaba dinero, porque lo mejor del «e-commerce» es que el dinero nunca duerme.** Siempre hay alguien despierto en este mundo dispuesto a comprar y mi tienda *online* estaba abierta sin importar el horario o los días, incluyendo los feriados. No tenía empleados, no tenía que preocuparme por estacionamientos, espacio de mostradores, oficinas, permisos de uso, baños, probadores, entre otros dolores de cabeza que tiene un negocio convencional.

Mis resultados comenzaron a sorprender a muchos amigos cuando los publicaba en las redes sociales. Luego, los amigos de mis amigos comenzaron a pedirme que les enseñara lo que estaba haciendo. Al principio, no me atrevía... «Sé lo que hago, pero no cómo enseñarlo». Sin embargo, me lancé y comenzaron a tener resultados. Quizás ya conoces toda la historia, la cual describo con detalles en mi primer libro *La magia de reinventarte*. En la actualidad, hemos enseñado «e-commerce» a miles de hispanohablantes, desde latinos en Estados Unidos, incluyendo Alaska, España, México, Korea del Sur, República Dominicana, Panamá, Colombia, Perú, Honduras, Ecuador, Venezuela, Uganda, África, y, naturalmente, Puerto Rico. Hemos ayudado a personas a salir de su trabajo regular y generar desde el doble hasta cien veces más. Marcas de jabones que ya generan más de $30,000.00 dólares mensuales en ventas y «drop shippers» que están vendiendo hasta $250,000.00 dólares en solo un mes.

Mi misión ha sido ayudar a personas a que vendan sus productos y servicios alrededor del mundo. He trabajado con marcas internacionales y ayudado a figuras públicas a expandir sus resultados mundialmente. No todo el mundo logra estos resultados. Muchos brincan de lado a lado y recogen información; otros comienzan, pero no terminan; algunos actúan, pero no analizan correctamente qué sucede en su tienda *online*; otros creen que se las saben todas y no se dejan llevar; y otros ni saben lo que están haciendo. Aún así, a ti que estás leyendo este libro, se me hace difícil garantizarte que tendrás resultados pues no conozco tus destrezas, capacidades, compromiso o la disciplina que estés dispuesto a ejercer para desarrollar este negocio. Sin embargo, si tomas este libro como una herramienta y aplicas, paso a paso, la información, te ayudará a comenzar de inmediato.

Quise publicar este libro porque quiero enseñar a muchos la alternativa de crear un negocio rentable desde su hogar. Sin complicaciones, dolores de cabeza y pérdida de tiempo y dinero. Aquí comparto las experiencias de mis clientes, estudiantes y esta servidora. Te brindo contenido valioso para ayudarte a comenzar sin importar el modelo de negocio que quieras tener, ya sea «drop shipping», impresión por pedido, compras al por mayor, afiliaciones o si eres un artesano y creas tus propios productos. En este libro compartiré contigo los siete pasos que han sido probados y reproducidos tanto en mis tiendas *online* como en las de mis estudiantes y clientes. Es una metodología exclusiva que he creado para ti. No tienes que complicarte, ni reinventar la rueda, es una ruta probada que te llevará, paso a paso, a que tengas los resultados deseados en tu negocio *online*. Voy a mostrarte el sistema exactamente como lo utilizo y lo recomiendo para crear un negocio *online* y generar en grande y a toda velocidad. Ganar mucho más, mucho más rápido es posible. Saca papel y bolígrafo, toma notas y aplica lo que vayas aprendiendo.

Antes de que pases al primer paso, quiero dejarte saber que si deseas seguir avanzando, te invito a mi seminario virtual gratis: Aprende a crear tu tienda *online* de la forma correcta para ganar en grande. Puedes registrarte en cualquier momento en www.comienzatutienda.com ¿Qué tal si lo haces ahora?

¿Estás listo? ¡Claro que sí!

Verónica : -)

¿Por qué una tienda *online*?

«Tu tiempo es limitado.
No lo desperdicies viviendo el sueño de otra persona».
−Erwin Mc Manus

El «e-commerce» es un mundo de oportunidades. Así lo demuestra el hecho de que cada día son más los negocios, marcas o personas que desean un cambio en su vida y que utilizan el comercio electrónico como una nueva oportunidad. **El «e-commerce» es la compra y venta de productos y servicios por medios digitales.** No tenemos que estar frente a frente para llevar una negociación. Consiste en colocar tus productos o servicios en una plataforma y cualquier persona de cualquier parte del mundo que se interese y acceda a ella, puede obtenerlos. La compraventa realizada, esa transacción, se le conoce como comercio electrónico o «e-commerce». Tan pronto los clientes colocan su información de pago y le dan al botón de completar la orden, se generó una transacción de comercio electrónico. Esto quiere decir que, no importa la plataforma que uses, si hay una transacción de compraventa digital legal, es comercio electrónico. Ya sea afiliándote a programas, comprando y vendiendo por las redes sociales, colocando productos en plataformas como eBay y Amazon, ofreciendo tu conocimiento mediante «mentoría» o asesoría *online*, distribuyendo alimentos, desarrollando cursos educativos o creando tu propia tienda *online*. Siempre y cuando se lleve a cabo esta transacción digital, estás haciendo comercio electrónico.

Ahora, no siempre fui fanática del comercio electrónico. De hecho, ni sabía que existía. Había seguido la ruta que me habían dicho que funcionaba, la de graduarse con buenas notas de la universidad, tener tu diploma, preparar tu «résumé» e irte a buscar trabajo. No fue hasta que me convertí en madre, que tuve el deseo de buscar la manera de generar ingresos desde mi hogar. Cuando comencé a ver los grandiosos resultados que generaba desde una «laptop» pensé *Voy a dedicarme a esto toda mi vida.* Pero al terminar mi curso de Amazon en varias semanas, esa persona se fue y no supe más de ella. ¿Y ahora qué? Me tocó continuar por mi cuenta y trabajar sola en este negocio. Incertidumbre y miedo eran quienes me acompañaban en cada botón que presionaba en mi plataforma *online*. Me hacía preguntas: *¿Lo estaré haciendo bien?*, *¿esto funcionará?*, *¿habré perdido el dinero?*, pero *¿y qué producto voy a escoger?*, *¿y si no se vende lo que coloco?*, entre muchas otras. Continuaba y, de momento, me detenía a llorar: «No sé si lo estoy haciendo bien», le decía a mi esposo. Dormía muy poco y lo poco que dormía, no descansaba pensando en lo que deseaba y si lo lograría. Sin embargo, el deseo de querer que esto funcionara me motivaba a seguir trabajando. Trabajé por semanas, todos los días, incluyendo los fines de semanas, para hacer que esto funcionara.

Cada día iba teniendo la habilidad de encontrar buenos productos. Colocaba un producto en la plataforma y ese mismo día se vendía tres y cuatro veces. Puedo decirte que en cuatro semanas ya procesaba más de 15 órdenes al día y a los dos meses, ya generaba más de $6,000.00 dólares al mes en ventas. Desde Amazon vendía a cualquier parte de los Estados Unidos. ¡Estaba contenta! Conocía cada botón de la plataforma: procesar órdenes, colocar los números de rastreos, dar servicio al cliente. Participaba de los «chats» de comunidad para seguir aprendiendo y así sucesivamente.

Según avanzaba con Amazon, estudiaba simultáneamente sobre el Comercio Electrónico. Cuando me familiaricé con el modelo de negocio, me volví una «psycho»: leía y leía para comprender todos los distintos tipos de negocio y técnicas de venta que existían dentro de este mundo. Seguí en Amazon hasta que la acumulación de restricciones y controles de la plataforma provocaron que me sintiera alejada de ser la dueña de mi negocio. **En muchas ocasiones, me sentía como si tuviera un jefe, en vez de una plataforma que me facilitara un servicio.**

Recuerdo que cuando finalizaron las Navidades, para el mes de enero, mis suplidores se comenzaron a tardar más de lo debido en el envío de los productos por el aumento acelerado en la demanda. Tenía alrededor de cinco a siete personas esperando por su pedido. Continuamente mantenía la comunicación con información de lo que sucedía para evitar alguna molestia en los clientes. De todas maneras, Amazon se dio cuenta de que mis pedidos se estaban demorando y por esta razón, bajaron mis métricas de desempeño y me congelaron aproximadamente $8,000.00 dólares, ¡ocho mil dólares por órdenes que ya habían sido procesadas y entregadas! ¡Estaba molesta! Ese dinero era mío: *¿Vas a congelarme $8,000.00 dólares porque no he cumplido con tus métricas por una situación que no puedo controlar?* Y esto, junto a los altos porcentajes por transacción con los que se queda la plataforma (en ese momento un 15%), pensé: número uno, que tenía que buscar la manera de cobrar este dinero lo antes posible y, número dos, que tenía que moverme ya. Mis ingresos no pueden ser controlados por una plataforma que se queda con un porcentaje tan alto por transacción más la mensualidad.

Para poder resolver el asunto tenía que buscar la manera de mejorar mis métricas. Recuerdo que tuve que colocar un producto de $1.00 dólar en mi plataforma de Amazon y mandar a mi esposo que me comprara una y otra vez y me dejara «reviews» para poder mejorarlas. Cuando pude lograrlo, tuve que esperar más de 15 días para que comenzaran a pagarme. Sabía que no podía darme el lujo de que esto me volviera a ocurrir, así que, durante esos 15 días, comencé a estudiar las alternativas. Finalmente, cuando le expliqué a mi hermano todo lo sucedido, me dijo: «Debes crear tu propia tienda *online*, pero ya». No sabía cómo crear una tienda *online*, pero comencé. Busqué suplidores, seleccioné mis productos, leía los «reviews» que dejaban otros y, junto a mi hermano, escogí el nombre de la tienda. En ese momento tenía experiencia manejando redes sociales, ya que mi esposo trabajaba como vendedor de autos y la manera en que obtenía nuevos clientes era colocando anuncios de los carros en sus redes sociales, así es que pensé: ¡Bingo!, *por las redes sociales moveré el tráfico hacia mi* tienda «online». Cerré mi cuenta en Amazon tan pronto me pagaron y comencé con la tienda.

Era empezar de cero. Sin ningún tipo de ayuda. No tenía idea de cómo se configuraba todo un sistema de tienda online. Nada, «nothing», «niente». No era fácil. Visual y técnicamente era bien diferente a la plataforma con la que me había familiarizado anteriormente. La frustración y la ansiedad regresaron a la mesa de trabajo, pero nada me detuvo. Poco a poco, aproximadamente en dos semanas de estar aplicando, borrando, editando y actuando, ¡lo logré! Crear la magia requiere enfoque y trabajo. No tan solo logré crear la tienda, sino tener ventas. Te parecerá que dos semanas es muy poco y la verdad es que sí lo es para haber comenzado de cero. Entiendo que la experiencia de haber trabajado con Amazon me había dado cierta ventaja. Sin embargo, en estos momentos puedo crearte una tienda online en cuatro horas o menos, claro, todo depende de la cantidad de productos.

A lo largo de estos años, pude identificar una ruta específica para que cualquier modelo de negocio pueda tener resultados en el comercio electrónico. Vendas por Amazon, eBay o tengas tu tienda online, estos pasos te ayudarán a tener éxito. A medida que leas este libro, te contaré cómo lo hice, mi experiencia, la de mis estudiantes y clientes. Desde ahora te puedo decir que tener mi tienda online fue lo mejor que pude haber hecho.

Durante todos estos años, he podido ver cada uno de los beneficios que te da tener una tienda online a diferencia de otros métodos de comercio electrónico.

Te demostraré que tener una tienda *online* es el negocio perfecto.

1. **Tienes mayor control de tu negocio.** Existen métricas y reportes, pero estos existen para que puedas analizar y tomar mejores decisiones en tu tienda *online*. Estas métricas, en ninguna circunstancia, influyen en los pagos de tu negocio. Estas plataformas saben que tú y solo tú eres el responsable de tu desempeño como dueño de negocio. Al final de todo, es tu marca y tus resultados los que se verán afectados.

2. **El cliente es tuyo para siempre.** Tienes manera de rastrear a toda persona que entre a tu tienda *online*, aunque no haya comprado, y darle seguimiento premeditado a base de su comportamiento, ya sea por las redes sociales o por correo electrónico.

3. **Datos disponibles.** En tu tienda *online* podrás ver cuántas personas entraron, qué dispositivo y red social usaron para entrar a la tienda y comprarte, qué producto vieron y hasta qué palabras utilizaron para buscar ese producto. Tienes constantemente datos que te permiten mejorar tu tienda, el mercadeo y los anuncios de promoción.

4. **Baja probabilidad de comparación con la competencia.** Cuando tenemos una tienda *online* es más difícil que los clientes potenciales puedan comparar tus productos con los de otros vendedores, como ocurre en plataformas como eBay y Amazon. Comparaciones tales como quién lo tiene más económico, *quién me incluye el envío, de qué estado de los Estados Unidos es este vendedor, me incluye el*

empaque y así sucesivamente. Dentro de una tienda *online* no hay otros vendedores y todos los productos que agregue en el carrito serán solo los tuyos.

5. **Tu marca es reconocida.** Las personas te conocen por tu marca. Buscan los correos electrónicos por el nombre de tu tienda *online*, comienzan a seguirte en las redes sociales y están atentos a tu contenido. Tu marca resalta mucho más cuando tienes una tienda *online* y cada día quien creces eres tú y no la plataforma donde colocas tus productos.

6. **Costo efectividad.** En estos momentos, las plataformas para crear una tienda *online* tienen porcentajes por transacción mucho más bajos que las plataformas donde se encuentran variedad de vendedores. Estamos hablando de una diferencia de siete y hasta ocho veces menos por transacción. Realmente, es la diferencia que cambia mucho el juego al momento de calcular tus ganancias netas.

7. **Optimización.** Puedo integrar un sistema de codificación para mi tienda *online* y así tener y entregar información desde redes sociales como Facebook y Pinterest y otras plataformas como Google, sobre quiénes vieron mis productos, añadieron productos en el carrito, comenzaron a brindar la información de pago y, finalmente, los que compraron. ¡Puedo verlo todo!

8. **Posibilidad de aumentar tus ventas.** ¿Cuántas veces te sucede que vas a la farmacia a comprar leche y pan y, además, sales con maquillajes y detergentes? Una compra que era de $8.00 dólares, se transformó en $65.00 dólares y no te explicas

cómo ocurrió, jajajaja. Esto también sucede de manera *online*. Cuando vendes en plataformas donde hay varios vendedores en un solo lugar, los consumidores continúan colocando productos en el carrito, pero no necesariamente son los productos que tú vendes. Ponen el producto tuyo, colocan el producto de otro vendedor y así siguen porque la misma plataforma les recomienda otros productos que no necesariamente son los tuyos. Mientras que cuando tienes una tienda *online*, el cliente está allí adentro, puedes incorporar aplicaciones de «cross-selling» y «upselling» para aumentar esa venta.

9. **Variedad de estilo en la imagen de tu negocio online.** Esto se convierte en tu carta de presentación y será única e inigualable. El cliente potencial entra y, tan pronto está en tu tienda *online*, podrá escuchar música, ver vídeos y fotos que provoquen una experiencia única llena de emociones.

10. **Mayor visibilidad de tu producto.** Hay personas que piensan que su producto se va a vender mucho más rápido si lo suben al tipo de plataforma donde hay varios vendedores, como las de eBay o Amazon. Cuando tú subes un producto, si no lo sabes hacer, fácilmente podría quedar ubicado en la página 35 o 48 de la búsqueda. Todos sabemos que cuando vamos a comprar solo vemos la página 1 o 2. Una de las maneras para obtener mejor posición en la plataforma es colocar anuncios en la misma o en las redes sociales para mover el tráfico a tu producto. **Esto quiere decir que llevas personas a la plataforma, pero cuando están ahí, podrán ver todos los productos de tu competencia y comprarles a ellos en vez de**

a ti. Sin embargo, en una tienda *online* puedes crear anuncios para mover tráfico y que vean solo tus productos.

Podría hacer un libro nada más de las razones por las cuales recomiendo, y es preferible, que comiences una tienda *online*. Ahora bien, crear una tienda *online* no es subir productos a una plataforma y listo. Este es tu negocio y puede ser tu carrera profesional, si implementas las estrategias y pasos correctos. Solo debes trabajarla y tratarla como lo que es: un negocio real, serio y de mucha responsabilidad. Para lograrlo, he delineado siete pasos probados que puedes duplicar para ayudarte a tener resultados en tu tienda. Como te había mencionado, no tienes que complicarlo. Esta es la metodología exclusiva que utilizo para mi propia tienda *online*, la de mis estudiantes y clientes. Estos pasos son:

Paso 1: Planifica. Diseñarás tu plan para que obtengas claridad y dirección.

Paso 2: Escoge. Identifica las herramientas que le darán valor a tu negocio.

Paso 3: Configura. Desarrolla una plataforma de confianza.

Paso 4: Promueve. Lleva tráfico a tu plataforma y conviértelo en clientes.

Paso 5: Analiza. Monitorea los resultados para tomar mejores decisiones de negocio.

Paso 6: Optimiza. Incorpora estrategias para mejorar resultados.

Paso 7: Expande. Estrategias para extender las ventas y avanzar a la segura.

Estudia cada paso, poco a poco. Toma tus notas y haz los ejercicios que te brindaré al final de cada paso para que la vayas aplicando mientras lees el libro. En cualquier momento que desees realizar una nueva tienda *online*, para ti u otro negocio, o quieras modificar o expandir tus resultados, lee nuevamente este libro porque te va a ayudar a recibir esa educación continua que necesites.

Paso 1:
Planifica

« Los negocios tienen metas, proyecciones de venta y tienes que adelantarte a ver el futuro. Esto es la visión del negocio: lo que tú deseas que ocurra».

—Verónica Avilés

«La clave del éxito en los negocios está en detectar hacia dónde va el mundo y llegar ahí primero».

-Bill Gates

El Paso 1 es planificar antes de comenzar a tomar acción, como dice Benjamín Franklin: «Quien no planifica, planifica fracasar». Crear un plan estratégico es importante para cualquier negocio y el comercio electrónico es un negocio serio. Todo el que opera a través del comercio electrónico sabe que esto es un negocio como cualquier otro. Debe haber una planificación, análisis de mercado, estructura del negocio, cálculo del margen de ganancia y muchos otros aspectos que discutiremos.

Tienes que tener muy claro desde el principio qué quieres lograr y cómo vas a lograrlo. Los negocios tienen metas, proyecciones de venta y tienes que adelantarte a ver el futuro. Esto es la visión del negocio: lo que tú deseas que ocurra. Tu negocio debe tener un propósito aparte de generar ganancias. Planificar te ayudará a cometer menos errores y no tener sorpresas agridulces. Cuando nos planificamos, ahorramos tiempo y dinero porque sacamos el espacio para buscar maneras costo efectivas para nuestro negocio. Sé que hay muchas personas que trabajan bajo presión y les gusta hacer las cosas a última hora, pero es una realidad que todo lo que se hace con tiempo y planificación sale mejor.

Te seré bien honesta, yo comencé sin ninguna planificación. Estoy segura de que, si la hubiese hecho, hubiese cometido menos errores. Creaba cuentas en plataformas, abría pantallas de la computadora y me sentaba a leer lo que encontrara. Leía un artículo aquí, veía un vídeo en YouTube por allá y seguía probando y probando; hacía una especie de «trial and error». Si algo no funcionaba, lo eliminaba, lloraba y tenía que volver a comenzar. Era una esposa, madre y profesional desesperada. Quería que esto funcionara a como diera lugar. Y si hubiese sabido que debía planificarme, no lo iba a poder hacer porque no sabía qué preguntas hacerme, no tenía idea de cómo crear un plan de negocio para una empresa *online*. ¿Cómo planificar algo que no sabía ni siquiera que necesitaba? Esto les pasa a muchos, por no decir a la mayoría. Vieron un vídeo en YouTube, un anuncio o alguien les dice que es fácil y se tiran al agua, sin saber de cuánto es la profundidad, sin conocer las corrientes y los riesgos que existen. Comienzan sin tener un plan y sin saber lo que están haciendo. No conocen las alternativas que tienen para obtener los resultados que desean y algunos ni tan siquiera conocen los conceptos básicos.

Me tomó tiempo comprender lo que hacía y analizar cada etapa para crear un negocio. Ahora que tengo el conocimiento y he podido ver el proceso de nuevas tiendas *online* para mis clientes y estudiantes, veo la gran importancia de la planificación. Es por eso que quiero ayudarte a que comiences con el pie derecho y logres entender la seriedad de este negocio.

A lo largo de estos años, he desarrollado seis preguntas que ayudan a mis estudiantes y clientes a planificarse. Estoy segura de que si hubiese tenido este «six-pack prearranque» cuando comencé, me hubiese evitado muchos horrores que cometí. Antes de que comiences a trabajar con tu plataforma o a vender un producto, necesito que pienses en estas seis preguntas que te haré a continuación.

Six-pack prearranque

1. ¿Cuánto quieres vender?

Esta es la cantidad total de ventas sin contar los gastos de tu negocio *online*. Es un número proyectado. Si tú quieres generar más de $3,000.00 dólares en ventas en un mes (para así igualar lo que generas en tu trabajo actual) debes saber que quizás necesitas vender 120 productos a un precio estimado de $25.00 (120 x $25.00 = $3,000.00). Si este número equivale a muchas órdenes para ti, quizás debes buscar un producto más costoso o planificar de qué manera buscarás esas 120 ventas al mes. Por ejemplo, algunos estudiantes seleccionan productos de cocina. Su suplidor les deja el producto entre $1.00 a $2.00 (a veces menos) para venderlo a un precio de $5.00 a $6.00 dólares. Estamos hablando de $4.00 a $5.00 dólares de ganancia por cada producto, sin contar los cargos por servicio y gastos de promoción. Cuando después ven todo lo que conlleva y la cantidad de veces que hay que vender ese producto para conseguir los números proyectados, llega la frustración y hasta las ganas de quitarse del negocio.

Busco productos que salen entre $8.00 a $10.00 dólares para venderlos en $25.00 a $35.00 dólares. Me gusta poder duplicar y hasta triplicar los costos para tener unos márgenes de ganancia asegurados. Y aquí es que comienza el «brainstorming». Ese «quiero lograr esto» versus «cómo haré que suceda». El problema más común de las personas que comienzan una tienda *online* es que escogen productos sin tener en mente la cantidad exacta que desean ganar. **Primero, proyecta tu número y luego, analiza qué productos te ayudarán a llegar a la meta.**

2. ¿Qué quieres vender?

«Vero no sé qué vender» es uno de los comentarios que recibo a diario en mis redes sociales. Esta es la parte más estresante de todo el que comienza una tienda *online*. Y no es para menos, porque es la raíz del negocio y uno de los pilares para tener éxito. **¿Qué quieres vender?** Debes hacerte esta pregunta en serio y analizar bien lo que te gusta o te llama la atención y que, a la misma vez, cumpla con el número que proyectaste, es decir, con la respuesta a «¿Cuánto quieres vender?». Si al momento no tienes idea de qué vender, no te preocupes porque más adelante tocamos ese tema en detalle. Las opciones son diversas y algunas muy buenas. Te vas a quedar sorprendido cuando veas cuánto potencial hay.

Si ya tienes un negocio, la respuesta puede parecer obvia. Muchos negocios existentes venden de manera *online* los mismos productos que venden en su tienda física; otros, no. Uno de mis clientes vende ropa de caballeros e incorporó ciertas líneas de camisas en su tienda *online* que no ofrece en su tienda física, para así crear exclusividad en su plataforma.

El comercio electrónico te permite –de una manera fácil, rápida y económica– probar diferentes técnicas de ventas con distintos productos para ver qué funciona mejor o qué tiene mejores resultados. Puedes realizar cambios de una manera fácil, sin perjudicar al consumidor.

Identificar qué deseas vender es importante porque las próximas preguntas están relacionadas al producto escogido. Si el producto no gusta, podemos intentar maravillas, pero no vas a vender.

3. ¿A quién le vas a vender?

Esta es otra pregunta sumamente importante porque **el «e-commerce» te permite venderle al mundo, pero NO a todo el mundo. Si tratas de venderle a todo el mundo, no le vas a vender a nadie.** Interesante el juego de palabras, pero es la verdad. Tienes que definir tu cliente ideal.

Tuve una estudiante que estaba vendiendo productos para niños y me escribió porque no estaba teniendo las interacciones y ventas esperadas. Cuando comencé el análisis de su tienda y redes sociales, observé los intereses que estaba colocando al momento de crear sus anuncios. Estaba marcando la opción de mujeres de 25-35 años, sin ninguna segmentación de interés. Rápidamente supe que este era su gran error. Mujeres hay muchas, pero no todas son madres interesadas en comprar productos para niños. No es lo mismo atraer a una mujer que a una madre. Tan pronto hicimos el cambio, los resultados fueron notables. Es por esto que pensar en quién será tu cliente ideal es importante.

Al momento de crear mi tienda *online*, recuerdo haber decidido dos cosas: no vender ropa para mujeres y escoger productos que fueran talla única («one size»). No quería tener el estrés de que las chicas me dijeran: «¿Corre pequeño?», «No me gusta cómo me queda», etcétera. No me gusta manejar esa dinámica y reconocí que no iba a poder ofrecer un buen servicio a este público. Decidí vender joyería y accesorios: aretes, gafas... que son tamaño único y es difícil que no queden bien. Sin embargo, tengo estudiantes que aman vender ropa de mujer. Les encanta la moda, y algunas conocen tanto sus piezas que, aunque una clienta les pida tamaño «small», si ellas saben que no les va a servir, le contestan «Créeme, eres "medium"». Y así sucesivamente. Hay muchas «boutiques *online*» y todas venden.

Tampoco pudiese vender artículos de niños, y mucho menos juguetes (aun sabiendo que hacen falta jugueterías en Puerto Rico). No lo haré porque tendré padres detrás de mí preguntándome si la pintura es tóxica, las piezas pequeñas, si es seguro, para qué edad, etcétera. Para mí es mucho riesgo y no deseo esas preocupaciones.

Esta es la importancia de saber cuándo es el mejor momento para decir «no». El mundo puede decirte que este producto está en tendencia, pero si tú no te sientes contento y capaz de trabajar con el consumidor de ese producto, escucha tu razón y simplemente di: «Yo paso».

Es esencial que identifiques quién es tu cliente ideal para que así sepas si estás dispuesto a darle el servicio requerido, otro punto importante para tener éxito en tu tienda *online*. No es vender y adiós. Cuando vendemos es que comienza el negocio con esa persona. El servicio al cliente es clave y tienes que saber de antemano a quién se lo vas a dar.

4. ¿Por qué te van a comprar?

¿Por qué van a comprar en tu tienda y no en otro lugar?, ¿cuál es la diferencia?, ¿cuál es tu ventaja competitiva? Hasta que no sepas crear esa ventaja, no tienes posibilidad de éxito.

Esta ventaja no tiene que ser un asunto complicado. Quizás es mejor promoción, mejor servicio al cliente, más estilos, variedad, exclusividad, entre otros. La marca Apple® es más costosa en todos sus productos comparados con el mercado y las personas aman comprarle. De hecho, guardamos el empaque y no sabemos por qué. Simplemente, por que nos gusta. Esa es la experiencia que nos da Apple® desde que sus productos los tenemos en nuestras manos.

Una buena experiencia puede justificar el costo que le pongamos a nuestros productos. Esa nota de agradecimiento o el papel de seda con los colores de nuestra marca que utilicemos para empacar los productos, pueden provocar que la persona quiera comprarte sin importar el precio. Por eso, no decidas bajar el precio de tus productos porque «la competencia lo tiene más barato». En eso vas a fallar eventualmente. La competencia tiene su consumidor y tú tienes el tuyo. Este es el caso de dos estudiantes que tengo que son artesanas. Cada una tiene sus tiendas *online* de jabones. Sus productos cuestan alrededor de $8.00 - $10.00 dólares por jabón. Sí, por jabón. Todos sabemos que en cualquier supermercado o farmacia un jabón puede costar de $1.00 - $3.00 dólares y entonces, ¿por qué las personas siguen comprándoles a ellas? Porque ellas demuestran en su contenido que son productos hechos a mano, con ingredientes naturales y ciertas propiedades y beneficios. Lo hacen de una manera que el producto se ve espectacular y su olor se siente desde que abres el paquete que te llegó a la puerta de tu hogar. Además, muestran testimonios de clientes que padecían alguna condición en la piel la cual mejoró o sanó con el uso del producto. Yo prefiero los productos hechos a mano, sobre todo, para el rostro. Conozco sus beneficios y estoy dispuesta a pagar por ello porque soy su cliente ideal y ellas lo saben. Así es que mejor enfócate en proveer una experiencia que te conecte con tu cliente potencial y el recurrente y provoque que te siga comprando sin otras consideraciones como el precio. Una compañera dice: «Siempre habrá alguien vendiendo más caro que tú...», y yo pudiera añadirle: «y también más barato que tú». Si entiendes que tu producto vale el precio que le pusiste, mejora la experiencia y diseña un plan estratégico de mercadeo dirigido específicamente a tu consumidor. **Habla, escribe, produce y empaca tus productos con el estilo de tu cliente ideal.**

5. ¿Cuánto vas a ganar?

¿Cuál será tu margen de ganancia de cada producto que vendes, de cada transacción, de cada promoción, oferta, lanzamiento o anuncio que haces? Tienes que conocer tus números. Cuando mencionamos margen de ganancia, nos referimos a esa diferencia entre el precio de venta de cada producto y los gastos (costo original del producto, empaque, promoción).

¿Puedes creer que hay personas que se ponen a comprar productos, sin identificar primero cuánto será el margen de ganancia? Tuve una estudiante que consiguió unas carteras muy hermosas en Colombia. Ella deseaba vender sus carteras en $60.00-$80.00 dólares, pero cuando finalmente llegaron a Puerto Rico, por no haber hecho los cálculos antes de comenzar a comprar, tuvo que cambiar todo luego de notar los costos de envío a Puerto Rico, impuestos, el empaque y envío del producto a su cliente. No le quedó otro remedio que poner la cartera en $150.00 dólares para poder conseguir una ganancia viable. No es que no la pueda vender, recuerda la pregunta #4, pero ahora tendría que conseguir un cliente potencial con ese nivel adquisitivo y todo cambia. Lo interesante de esta historia es que realmente eso no era lo que ella había proyectado desde el comienzo. Así es que tuvimos que regresar al Paso 1: Planifica y evaluar el *six-pack* prearranque nuevamente. Hubo que cambiar los costos de los productos en la tienda, identificar el nuevo cliente ideal, sus características e intereses y rehacer todo el plan de mercadeo, incluyendo sus ofertas de lanzamiento. ¡Todo había cambiado! En ese momento perdió tiempo y por consiguiente, dinero.

Es importante que hagas una lista de todos los gastos posibles que vas a tener al vender ese producto. Muchos estudiantes hacen pedidos de muestra, así ven cómo llega el producto, cuánto tiempo se demoró, cuán grande o pequeño es en realidad, cuánto pesa, cuánto saldría el envío, entre otros. **Conoce tus números siempre.**

6. ¿Qué hace falta para ganar lo que quieres?

Cuando comencé, no hice nada de esto y me encontraba apagando fuegos en todo momento porque no tenía una lista de cotejo que me dejara saber qué necesitaba. Recuerdo que compré la mercancía, llegó a casa, hice mis anuncios y cuando comenzaron las ventas, solo tenía sobres para enviarlo. No tenía nada que hiciera la experiencia de mi cliente una especial. No tenía una tarjeta de agradecimiento, papel decorativo, nada. Pienso ahora en cómo habrá sido la reacción de mis primeros clientes al recibir sus paquetes y me da vergüenza.

Debes crear una lista de cotejo, un «checklist» donde puedas enumerar todo lo que necesites para que lo planificado con tu tienda *online* sea posible. Incluye en la lista: productos o materiales para crearlo, logo, artes decorativos para la tienda, un abogado que trabaje con las políticas, el contable y los permisos, empaque, entre otros. Tenla a mano y, a medida que vayas avanzando, ve marcando lo que está completado. No te abrumes con todo lo que tienes que hacer. Enfócate en el próximo punto. Esa es la manera de avanzar a la segura. Identifica qué hace falta para desarrollarlo. Algunos ejemplos que puedes incluir en tu lista son: reunirme con el diseñador gráfico, contactar al contable, pedir la muestra, crear las redes sociales del negocio, estudiar el programa de estudio de Verónica Avilés, entre otros. Colócalos en orden de prioridad y comienza.

¿Conoces la contestación de alguna de estas preguntas? Si no sabes la respuesta exacta de alguna de ellas, necesitas detenerte antes de intentar lanzar tu tienda *online*. No le cojas miedo al asunto porque las consecuencias son peores. Se falla en el 100% de los intentos que no se hacen. Si no te atreves, nada va a cambiar. Anota estas preguntas y a medida que continúes leyendo, irás encontrando las respuestas en este libro. ¡Planifícate! Ten el control de tu negocio desde el comienzo.

Ahora te toca a ti:
Prepara tu negocio. Planifica.

1. ¿Cuánto quieres vender?

_____
_____
_____
_____
_____
_____
_____
_____

2. ¿Qué quieres vender?

_____
_____
_____
_____
_____
_____
_____
_____

3. ¿A quién le vas a vender?

_____
_____
_____
_____
_____
_____
_____
_____

4. ¿Por qué te van a comprar?

_____
_____
_____
_____
_____
_____
_____

5. ¿Cuánto vas a ganar?

_____
_____
_____
_____
_____
_____
_____

6. ¿Qué hace falta para ganar lo que quieres?

_____
_____
_____
_____
_____
_____
_____

Paso 2:
Escoge

> « El protagonista
> de tu negocio *online*
> es tu consumidor,
> no eres tú».

–Verónica Avilés

> «Hay muchas cosas importantes en la vida, pero solo unas pocas que son las que de verdad importan».

> -José Luis Navajo

Luego de idear tu plan, debes escoger los elementos que le darán valor a tu negocio: el producto y el nombre de tu tienda. Ese producto que vas a vender y que tus clientes potenciales comprarán. La selección del producto es uno de los pilares para tener éxito en el comercio electrónico. Puedes tener una tienda *online* profesional y hermosa, un mercadeo dirigido a tu cliente ideal, pero si el producto no gusta o no cumple con las expectativas de calidad, **no se va a vender**. Escoger no es fácil, de hecho, el 75% de mis estudiantes comienza sin haber tenido la más mínima idea de qué va a vender. Así es que, si este es tu caso, no te preocupes. Esto no quiere decir que el comercio electrónico no sea para ti o que no puedas tener éxito en él.

«Vero, ¿qué puedo vender?» es la pregunta clásica. Y la verdad es que, aunque sí doy recomendaciones de las categorías que mejor venden, es imposible decirte «Vende esto» porque al final, ese producto tiene

41

que gustarte o atraerte para poder venderlo. Ese será el producto con el que crearás fotos, vídeos educativos, publicaciones informativas y brindarás servicio al cliente, entre otros. Debes conocer claramente qué estás vendiendo, cuáles son sus beneficios y por qué tu cliente lo debe comprar. Si hay algún producto que te interesa, pero no lo conoces, al menos saca el tiempo para educarte sobre el tema, utilízalo y usa tu propia experiencia como testimonio.

Para mí tampoco fue fácil comenzar en el mundo *online*. Me encontraba sentada en la mesa del comedor de mi casa cuando me tocó pensar qué podía vender. Me sentía atemorizada sobre los resultados de lo que pensaba vender. Recuerdo que mi cuñada me llamó para decirme que había encontrado una oferta de recipientes en «stainless steel» para la basura (zafacones) en una tienda por departamentos. La oferta me pareció buena así que le pedí que me comprara uno. Mi cuñada me entregó la caja con mi nuevo zafacón, lo colocó en la sala y ahí se quedó. Varios días después, mientras estaba sentada trabajando en mi mesa del comedor, miré a mi alrededor, vi la caja del recipiente y ocurrió la magia: «¿Por qué no vender recipientes para la basura?». Te preguntarás ¿quién piensa en recipientes para basura? Como ingeniera ambiental, todo lo que está relacionado con el cuidado del ambiente me llama la atención. De hecho, irónicamente, el curso de Disposición y Manejo de Desechos Sólidos siempre fue uno de mis favoritos. Rápidamente, comencé la búsqueda, salían en $49.00 dólares aproximadamente y observé que el mercado los vendía casi en $140.00 dólares. Decidí intentarlo y lo hice. Se vendían sin parar, de seis a ocho diarios, y obtenía una ganancia neta de casi $80.00 dólares por producto, luego de los porcentajes por transacción que me cobraba la plataforma. Así es que estamos hablando de que generaba alrededor de $450.00 - $700.00 al día. Comencé a buscar variantes de mi producto estrella. Los vendía de diferentes tamaños, colores, estilos y material, ¡vendía hasta los azules de reciclaje! Recuerdo que mi hermano se reía cuando le contaba sobre mis resultados. Me decía: «No puedo creer que estás haciendo tanto dinero vendiendo zafacones». Todo iba bien hasta que meses luego, comencé a tener problemas con el producto, los recipientes para la basura comenzaron a llegarle a las personas con algunas abolladuras, los clientes comenzaron a quejarse, las devoluciones estaban en aumento y entendí que era momento de hacer un cambio. En este tipo de negocio no debes mezclar las emociones. Si no funciona el producto, hay que cambiarlo. Reconocí cuando el tiempo de los recipientes había acabado y decidí cambiarlo todo. **Quiero que tengas presente esto: el protagonista de tu negocio *online* es tu consumidor y no eres tú. Si el producto está presentando fallas para tu consumidor o ya no le gusta, cámbialo.**

De ahí, pasé a vender gargantillas, los collares que van pegados al cuello. Ya sabes, estaba a la moda, todas las nenas lo querían y pensé que esto podía ser un éxito. De inmediato, creé mi tienda *online* y en su primer mes generó más de $1,000.00 en ganancias. A través de todos estos años, he vendido joyería, ropa de talla única, productos para el hogar, productos para mascotas, entre otros. No quiero que te sientas abrumado; te estaré explicando los puntos que debes tomar en consideración para que se te haga más fácil y te sientas confiado al seleccionar tu producto.

Quiero contestar una pregunta que te debes estar haciendo y que muchos me hacen. ¿Creo una tienda de muchas categorías, como una tienda por departamento, o me dirijo a un nicho o categoría específica?». Ambas alternativas tienen sus ventajas y desventajas. Cuando vendemos muchas categorías en una tienda *online*, tenemos más posibilidad de encontrar productos potenciales porque tienes más variedad y distintas audiencias a impactar. Sin embargo, cuando tenemos una plataforma enfocada en un nicho, creamos una audiencia leal, que espera el producto nuevo que lancemos para comprarlo. Habiendo mencionado esto, ¿qué hacemos? Tener lo mejor de los dos mundos. Mi recomendación es hacer una tienda seminicho. Esto quiere decir que debes especializarte en una categoría, por ejemplo, niños, pero no tan específico como vender exclusivamente ropa para niñas. Quizás puedes vender productos como trajes, calzado y accesorios para niños, niñas y bebés. Yo fallé en eso. Cuando comencé a vender gargantillas, desde la selección del nombre de mi tienda, me limité a vender solo productos que se colocan en el cuello. Vendía gargantillas, collares largos, cortos, de varios «layers», entre otros. Luego, cuando quise vender aretes, pendientes o sortijas pensé: «¡Ajá!, ¿y ahora cómo lo hago si el nombre de mi tienda dice específicamente que son productos para el cuello?». Recuerda, nunca tuve una planificación. Así es que tuve que arriesgarme y hacer las modificaciones, poco a poco, para que las personas se fueran acostumbrando a que mi tienda ya no vendería solo gargantillas o collares, sino todo tipo de joyería. De ser un nicho, convertí la tienda en un seminicho. **Haz una lista de las cosas que te gustaría vender y determina en qué nicho te especializarás.**

¿Qué voy a vender?

Encontrar un producto a veces puede ser estresante. Si «¿qué voy a vender?» es tu pregunta, estos cinco consejos te ayudarán a que comiences la búsqueda. El producto no tiene que cumplir con todos estos puntos, sin embargo, mientras más puntos cumplan, mejor: ¡mayor será el encantamiento!

1. Cubre una NECESIDAD o brinda COMODIDAD
Las personas quieren comprar productos que necesitan, pero aman comprar productos que quieren. ¿Cuántas veces has comprado productos que sabes que no necesitas, solo por vivir la experiencia? Todo producto que resuelva una necesidad, que haga sentir más cómodo al cliente o que le haga la vida más fácil se vende bien. Identifica necesidades tuyas o de familiares y amigos. Yo sabía que, al menos en Puerto Rico, se generaban más de cien mil toneladas de basura al día, por consiguiente, sabía que los zafacones o recipientes para la basura resolverían una necesidad que, además, es mundial.

Tengo dos estudiantes que son chicas de talla grande. Ellas identificaron una necesidad: encontrar ropa moderna y en tendencia para su talla. Gracias a esa necesidad que llegaron a tener, llevan tres años con su tienda *online* de ropa para mujeres de tallas grandes. Ellas son las «influencers» de su marca y los mejores testimonios. Para estos tiempos de pandemia en el que escribo este libro, también he podido ver diseñadores reconocidos vendiendo mascarillas de tela para ayudar a prevenir los contagios, y marcas de jabones y lociones, que destacan sus propiedades desinfectantes y antibacterianas. «Tip» extra: piensa en productos que se necesiten utilizar constantemente como los productos de aseo personal.

2. Tiene SUBPRODUCTOS

Un subproducto es un derivado del producto original de venta. Por ejemplo, vendo aretes, pero luego te presento los pendientes, brazaletes y sortijas de la misma colección. Esto provoca la sensación de que siempre falta algo y el cliente siempre quiere tenerlo todo. Selecciona un producto que ese cliente necesite más y más. Un producto que se pueda combinar o utilizar con otros productos. Haber cambiado mi tienda *online* de vender solamente gargantillas a todo tipo de joyería fue lo mejor que pude haber hecho. Las ventas se triplicaron porque tenía más productos para ofrecer y pude hacer juegos o los famosos kit. Estos kits son paquetes de tres a cuatro piezas que se venden en conjunto. Siempre les recomiendo a mis estudiantes que los hagan y los ofrezcan en las temporadas festivas. El cliente potencial lo quiere todo y en tu tienda consigue todo lo que necesita y, a la vez, nosotros vendemos de tres a cuatro productos en una sola orden: «Win-win situation!».

3. CALIDAD, ante todo

Es de suma importancia que **siempre** revises la calidad del producto antes de ponerlo en venta. ¡Qué mucho nos sucede que mandamos a pedir algo *online* y cuando nos llega es totalmente distinto a como lo vimos en la foto! Existen vendedores que no asumen la seriedad necesaria en este asunto. Se enfocan en tener consumidores compulsivos y están todo el tiempo buscando nuevos. Lo malo de esto es que de esta manera pierden la gran oportunidad de que los clientes sean recurrentes, que compren en más de una ocasión. Además, se corren el riesgo de que estos consumidores escriban malas reseñas en sus plataformas sociales o de venta, afecten la imagen de su marca y de eso no pueden recuperarse jamás.

La joyería que ofrezco en mi tienda *online* es plata 925. Antes de comprarle grandes cantidades a mi suplidor, recuerdo haber mandado a pedir una pequeña orden para inspeccionarla y probarla. Me bañé y me metí a la playa con las piezas. Quería asegurarme de que fuera plata 925 de verdad y que no iba a crearle hongos a mis futuros clientes. Puedes dañar tu marca si no revisas la calidad de tus productos antes de ofrecerlos. Mi recomendación siempre es pedir uno de prueba. Hacer las cosas con calma y de manera profesional. De no pedir uno, entonces debes leer las reseñas de tus suplidores. Lee lo que otros escriben del suplidor. De hecho, algunos suplidores permiten que se coloquen fotos de cómo llega empacado el producto y la calidad del mismo. Es mejor demorarse unos días y asegurar la rentabilidad de un producto, que lanzar un proyecto y este nos haga perder tiempo, dinero y la confianza del cliente.

4. Debe ser MERCADEABLE

Antes de seleccionar un producto pregúntate cómo lo vas a mercadear. Una vez quise vender un collar de perros que brillaba en la oscuridad para que los autos pudieran verlo. Me pregunté cómo podría mercadear esto. Recuerdo que encontré un vídeo que hablaba de las estadísticas de las muertes de perros en las calles porque los conductores no lograban verlos. Así es que ese vídeo mostraba el problema y luego la solución: mi collar para perros. Comenzaba con una música de fondo nostálgica y luego, una más alegre mientras se proyectaban los perros contentos, con el collar que les iba a salvar la vida. Es importante que hagas ese análisis antes de escoger tu producto. A veces seleccionamos unos productos que cuando los tenemos en la tienda, no encontramos de qué manera creativa podemos explicarles a nuestros consumidores el potencial que tienes. ¿Puedes hacer un vídeo con ese producto?, ¿cómo lo harás?, ¿el suplidor tiene los vídeos y te los puede brindar?, ¿contactarás un «influencer»?, ¿tomarás tus propias fotos?, ¿dónde las harás?, ¿qué otras alternativas puedes identificar para crear interés en el producto?

5. Margen de GANANCIA asegurado

Me gusta seleccionar productos que pueda, como mínimo, duplicar o hasta triplicar su costo. Consigo la joyería entre $5.00 a $8.00 dólares y la vendo entre $25.00 a $30.00 dólares. ¿Cómo sé que estoy poniéndole el precio correcto?

Primero, siempre hago un análisis del mercado. Investigo quién más lo vende, qué es lo que mi competencia ofrece y en cuánto lo vende. Si no puedo duplicar o triplicar el precio de venta, no lo escojo. De esta manera, me aseguro de tener un margen de ganancia que me permita crear ofertas irresistibles durante el año; quizás en temporadas festivas, ya sea día de enamorados, madres, padres, verano, o Navidad. **Segundo**, me dejo llevar por mi intuición como consumidora. Me pregunto: «Si yo veo este producto en un anuncio, ¿pagaría esta cantidad de dinero por él?». Ojo, es bien importante ser sensatos y juiciosos con este punto. He visto personas que le ponen unos precios ridículos a sus productos porque sí, «porque quiero ganar más dinero». No hay un análisis detrás de esa decisión. El problema de esto es que, si ese producto no vale el precio que le estás poniendo, ni el millonario más millonario del mundo lo va a comprar.

¿Cómo obtengo mi producto?

Esta es otra de las preguntas que muchos nos hacemos cuando estamos comenzando. Algunos preferimos ser los encargados del manejo y envío de los productos, otros prefieren que sean los suplidores quienes envíen los productos a sus clientes. Esto último se conoce como «drop shipping». Cada tienda *online* es diferente como su dueño. La buena noticia es que hay varias alternativas que van a depender de cómo quieres que funcione tu tienda *online* y aquí te las presento:

1. **Comprar al por mayor:** Este método consiste en contactar un suplidor. Para esto, debes saber cuál será la pregunta más importante que necesitas hacerle: «¿Cuál es la orden mínima para que me llegue lo más rápido posible?». La respuesta varía según el suplidor. Algunos exigen una orden mínima de $150.00 a $200.00 dólares en mercancía para poder entregarte en el menor tiempo posible. Otros te exigen el mínimo en la cantidad de cajas, paletas, etcétera. La ventaja de comprar al por mayor es que tienes más control de tu inventario, creas el empaque con tu marca y otros detalles para mejorar la experiencia de tu cliente.

Comencé mi tienda *online* comprando al por mayor. Mi suplidor me exigía $150.00 dólares en joyería para que me llegara en cinco días. Si una gargantilla me salía hasta en 30¢ centavos, imagínate cuántas gargantillas tenía que comprar... ¡más de 500! Tenía la casa llena de collares por todos lados. En ese momento me encargaba de empacar, procesar y enviar los paquetes al correo.

Tengo muchos estudiantes que compran al por mayor, especialmente las chicas que tienen sus tiendas de ropa para mujer. El tener sus piezas con ellas, les permite crear un contenido promocional dinámico: pueden crear sus propias fotos y vídeos de promoción, empacar los vestidos o blusas a su estilo, idear notas de agradecimiento a mano y documentar todo el proceso de empaque y envío por medio de sus redes sociales. Comprar al por mayor hace que te sientas en propiedad de tu producto, tienes más control del mismo y puedes usar tu creatividad para promoverte de una manera diferente.

2. **«Drop shipping»**: Es una técnica de venta en la que tu suplidor tiene la mercancía y, cuando la vendes, él envía el producto a tu cliente. No tienes que ir al correo, no tienes que empacar ninguna orden. Simplemente colocas la foto del producto en tu plataforma *online* a un costo más alto para asegurar una ganancia. Muchos comienzan de esta manera porque no necesitas invertir en inventario para comenzar a vender y cuando se aseguran de que tienen un nicho ganador y una audiencia conocida, pasan a comprar al por mayor para colocarle su marca y estilo. En mi tienda *online*, a medida que seguía ayudando a otras personas a conocer este

negocio, decidí que tenía que buscar una manera distinta de manejar mi inventario porque, honestamente, no iba a poder con todo. Verifiqué si había otro suplidor que vendiera la joyería que tenía en mi plataforma y que hiciera «drop shipping». Encontré al suplidor, verifiqué sus reseñas, mandé a pedir una muestra de los productos, los escogí y los subí a la tienda *online*.

Parece muy interesante y lo es, pero no todo es color de rosa con el «drop shipping». Al ser el suplidor el que envía el producto, en algunos casos, los clientes han recibido la factura directa de la marca del suplidor. Esto ha provocado que algunos se sientan engañados porque vieron el costo original del producto y de alguna manera piensan que ellos pudieron haber comprado directamente al suplidor. **¿Cómo resuelvo este problema?** Manteniendo una comunicación constante con mi suplidor. Cuando tengo ventas, proceso la orden en la tienda del suplidor, le dejo saber dónde tiene que enviar el paquete y siempre especifico en el área de notas, aunque ya me conozca, que soy «drop shipper». **¡Repito! En cada orden especifico qué tipo de vendedora soy, y esto le deja saber que no puede enviar factura.** Es como cuando ordenamos algo por internet y marcamos la opción de enviar como regalo para que no llegue factura. De esta manera, cuando mi cliente recibe el paquete, no puede ver el costo original del producto.

El suplidor y yo somos un equipo. Él me permite vender sus productos en mi plataforma y hasta me provee fotos y vídeos para utilizarlos en mi tienda.

A él le conviene que yo venda sus productos. Si yo vendo, él también vende.

¿Es el «drop shipping» un engaño?, ¿es una falsa? No. El «drop shipping» es una técnica de venta. El problema es que algunas personas están haciendo uso de la técnica incorrectamente. Y esto ha trascendido debido a que algunos vendedores *online* se hacen «suplidores» de marcas reconocidas sin tener autorización oficial de la marca o exclusividad para vender sus productos. La venden a un costo más alto en sus plataformas y cuando el cliente ordena y le llega el producto a su hogar, lo recibe con empaque y factura original. ¡Y aquí es que empieza el caos! El cliente se siente engañado porque se pregunta cómo, si ordenó en una tienda X o Y, la mercancía le llega con empaque y factura de Walmart o Zara, por ejemplo. Por eso soy enfática sobre este tema para que mis estudiantes eviten esta práctica.

Otra de las situaciones con el «drop shipping» es que la mayoría de los suplidores que dan este servicio son de China, por consiguiente, muchas personas cuando hablan del «drop shipping», piensan que solamente viene de China. Los productos se demorarán varias semanas, sobre todo, si estás en América o Europa, entonces, tendrás clientes preguntándote por su paquete. Para disminuir este problema, enseño en mi Programa eCommerce Avanzado cómo aplicar una serie de pasos, pruebas y las aplicaciones que debes instalar.

Por esta razón algunos piensan y proclaman que el «drop shipping» dejará de existir. Cada vez que escucho esto, me da estrés porque siento que generalizan y confunden a las personas. Es un error. El «drop shipping» no tiene que ver con una plataforma o país específico. Recuerda, es una técnica de venta. Se puede hacer «drop shipping» con suplidores de EE. UU., Colombia, Brasil, España o Puerto Rico.

Cuando un suplidor te brinda el servicio de enviar los productos por ti, eso es «drop shipping» y punto. Digamos que en tu país tienes un amigo que tiene un salón de belleza y vende productos para el cuidado del cabello. A ti se te ocurre la gran idea de crear una tienda *online* y vender los productos de él, ya que este no tiene ni el deseo ni el conocimiento para hacerlo. Llegas al acuerdo de que aumentarás un 40% del costo del producto y, además, cobrarás el envío al cliente, para así tener una ganancia y cubrir los gastos de la plataforma *online*. Cada orden recibida, se la notificas a tu amigo y este (al tener la mercancía) se encarga de empacar y enviar los productos por ti. Esto es «drop shipping» . ¡Espero que haya quedado claro, je je!

También debes saber que la mayoría de los suplidores que hacen «drop shipping», tiene cientos de «drop shippers» haciendo lo mismo que tú, así es que el manejo y procesamiento de órdenes se realiza a base de cantidad. De los grandes suplidores, sobre todo los de China, no esperes el «Thank you notes», o el «tissue paper» con tu marca. No es lo usual. En el caso de China, algunos te exigen una cantidad de órdenes al mes para brindarte ese servicio. Estos detalles no son imposibles, pero son bien difíciles de obtener, a menos que consigas que tu suplidor sea como el amigo que tiene el salón de belleza y lleguen al acuerdo de que él empacará y enviará el producto de la forma en que tú quieres.

De todas maneras, es una técnica probada y ha ayudado a personas a generar miles y miles de dólares. Aunque algunos digan que el «drop shipping» dejará de existir, pienso que se mantendrá en constante evolución. Cada día serán más los suplidores que proveerán este servicio alrededor del mundo. Después de todo, mientras siga viendo resultados en mi tienda *online* y en las de mis estudiantes... sigue funcionando. De hecho, tengo estudiantes que generan desde $5,000.00 dólares en ropa, $10,000.00 en accesorios, $100,000.00 en artículos del hogar y belleza; y hasta más de $200,000.00 dólares al mes vendiendo zapatos alrededor del mundo mediante esta técnica. ¿Funciona o no? Ahora bien, no te llenes los ojos de ambición. Recuerda, esto es un negocio real. ¡Es tu decisión!

3. **Hecho a mano:** El producto lo crea un artesano o lo creas tú mismo. Consiste en diseñar los productos, comprar los materiales y elaborarlos. Tengo estudiantes que se han posicionado en mi Isla vendiendo pegatinas, artículos personalizados, productos de belleza, pañales de tela para bebés, collares y juguetes tejidos, entre otros. Estos son los productos que mayor éxito tienen porque son exclusivos y difíciles de duplicar. Tienen tu estilo y tienen el beneficio de convertir fácilmente a tu cliente en tu fanático promotor, tu fan que espera el nuevo producto que vayas a lanzar para comprarte.

Los productos hechos a mano siempre tienen unas características que atraen a un consumidor diferente y particular. Tuve una estudiante que no producía sus productos, pero sí vendía productos que eran hechos por artesanos. En Puerto Rico, específicamente en el Viejo San Juan, muchos artesanos colocan sus mesas en áreas específicas para exhibir sus productos hechos a mano. Ella me contó que un día pasó por el área y comenzó a ver los productos. Empezó a analizar cómo se vendían estos productos de manera *online* en plataformas como Etsy, Amazon Handmade o el «marketplace» de Facebook. Se impresionó al ver que estos artesanos podían vender sus productos fácilmente al doble o triple por internet. Así es que, se les acercó a algunos de ellos, hizo varias preguntas acerca del inventario y llegaron a un acuerdo de «tú creas el producto, yo lo vendo». He tenido varios estudiantes que llegan a un acuerdo de venta por consignación o un porcentaje de comisión por venta. Algunos pagan el precio que el artesano les da y luego, colocan el producto en su tienda *online* a un precio mayor. En el caso de la estudiante que te mencionaba, el artesano vendía en su mesa los aretes hechos en madera a $7.00 dólares, y ella los vendía *online* entre $22.00 y $35.00 dólares, según el estilo. El artesano estaba feliz. Su marca era expuesta ante miles de personas alrededor del mundo y sigue ganando sus $7.00 dólares por pieza sin tener costos de plataformas digitales, anuncios en redes sociales para mover tráfico, dar servicio al cliente y enviar correos electrónicos, entre otras estrategias que se requieren para tener resultados en una tienda *online*. Desde esa mesa, sin tener que moverse, está llegando el mundo. Se puede concentrar en hacer lo que ama: crear su arte, hacer su magia y delegar lo que no le guste. He tenido estudiantes que le ponen su marca al producto o dejan la marca original del artesano. Todo esto dependerá de lo acordado con ese artesano. Es importante establecer las reglas, preferiblemente firmar contrato con un abogado y listo. Es una manera inteligente de vender productos hechos a mano y, a la vez, ayudar a ese artesano que tiene la habilidad de crear, pero quizás no el conocimiento o el deseo de trabajar todo este sistema *online*.

4. Impresión por pedido o «Print-On-Demand»: Esta técnica de venta consiste en ofrecer tu propio diseño en varios productos. Se necesitan dos cosas para que esto sea posible.

Primero, un diseño o un arte que llame la atención o que esté relacionado con tu marca. Tiene que ser un diseño que esté en tendencia o que la cree. Muchos utilizan citas inspiradoras, imágenes de temporada o hasta frases controversiales o jocosas.

Segundo, escoger e instalar una aplicación dentro de tu plataforma *online* que provea un catálogo de productos donde colocaremos ese arte. Estas tienen en el catálogo, productos como «covers» o protectores para celulares, camisas, gorras, «mouse pads», bolsos y muchos otros y puedes diseñar el arte en ellos. Lo bueno de estas aplicaciones es que te dan hasta los «mockups» o prototipos del producto, para que puedas utilizar esas fotos en tu tienda *online*. Sin embargo, mi recomendación es pedir muestras y tirar tus propias fotos donde se vea tu producto en uso. Estas plataformas de impresión por pedido reconocen cuando llega un pedido, crean el producto a base de lo diseñado, envían el producto al cliente y hasta el número de rastreo por ti. Te ayudan en todo el proceso y te notifican constantemente en qué etapa se encuentra la orden. Esta es la técnica de venta que está tomando auge y está generando gran cantidad de dinero a muchos negocios. La razón principal es porque tiene lo mejor de los dos mundos. Puedes crear una marca que convierta a tu cliente en fanático promotor porque tus productos tienen tu arte y lo hace más exclusivo, pero, a la misma vez, no tienes el inventario contigo porque es la aplicación externa quien hace el procesamiento de la orden, empaque y envío por ti. Con esta técnica lo importante es crear una marca sólida y un contenido en las redes sociales efectivo. En mi caso, he trabajado varias tiendas *online* con impresión por pedido para blogueros, «influencers», figuras públicas e iglesias.

Una tienda especial fue la de Sofía Jirau. Una joven con síndrome Down que soñaba con ser modelo y que demostró al mundo que «no hay límites» como ha dicho ella, cuando se ha presentado en varias pasarelas. Ella fue una de las modelos del prestigioso y uno de los más importante «fashion shows» en el mundo, el New York Fashion Week. Su equipo de trabajo deseaba poder brindar de alguna manera a sus seguidores algo que tuviera un poco de Sofía. Así es que crearon su marca Allavett, la hermosa expresión que dice Sofía cuando algo le gusta: «I love it». Me contactaron para una orientación y rápidamente, según sus necesidades y recursos, les recomendé hacer una tienda de impresión por pedido. Ellos me entregaron los artes, y yo seleccioné los productos, realicé el diseño en cada uno de ellos, y el montaje de la tienda. Tener su tienda *online* de impresión por pedido ha ayudado a Sofía a generar un ingreso extra, capitalizar a través de su marca y dar de alguna manera un producto de ella a personas que la admiran, todo esto, sin tener que tener el inventario en su hogar, procesar órdenes e ir al correo. Como dice Sofía: «¡Alavett!».

5. **Afiliación:** Esta técnica de venta se utiliza cuando te asocias a marcas y estas te pagan una comisión por cada producto que se venda gracias a ti. Te encargas de promocionar los productos en tu tienda *online* y/o redes sociales, y mantienes el mismo costo porque lo que haces es llevar al cliente directo a esa marca mediante tu enlace de afiliación. Mis estudiantes utilizan esta técnica como complemento en su tienda *online*. Tienen productos, por ejemplo, hechos a mano, pero también tienen su lista de productos recomendados con los que te llevan a esa plataforma a la cual se afiliaron y reciben un dinero adicional por cada venta que provocaron. Uno de los beneficios que tiene esta técnica de venta es que llevas al cliente directamente al suplidor y este se siente agradecido y en confianza. Los porcentajes de comisión varían, algunos son de un 4%, un 10% o hasta un 40%.

Los pastores de mi iglesia tienen su tienda *online*. Además de pastores, también son reconocidos como empresarios por los diferentes tipos de modelo de negocio que poseen. Tuve la oportunidad de desarrollarles productos hechos para impresión por pedido diseñados con cada serie de predicación que presentan en la iglesia. Dentro de la tienda, creamos un área donde ellos recomiendan libros cristianos, de motivación y de temas empresariales con sus enlaces de afiliación que te llevan directamente a Amazon. Lo bueno de tener tu tienda *online* es que puedes combinar varias técnicas para vender tu producto y la afiliación se utiliza mucho como complemento.

¡Tienes varias alternativas! Analiza con cuál te sientes identificado. En estos momentos ya sabes a qué nicho te dirigirás, qué vas a vender, cómo obtendrás el producto deseado, pero... ¿y qué nombre le pondrás a la tienda?

¿Cómo se llamará mi tienda *online*?

Esto no tiene que ser un dolor de cabeza, pero sí bien analizado. Algunos de mis estudiantes, le ponen al nombre de la tienda palabras como «jewerly» o «clothing», (por ejemplo: Joyerías Ana), y luego, cuando quieren añadir nuevos nichos como accesorios, calzado, entre otros, tienen que hacerle modificaciones y añadirle al nombre el «& more» Joyerías y más por Ana. Entonces, dan una impresión de que no hubo planificación, y ese «y más» se proyecta como un hoyo negro donde quieres meterlo todo.

Este asunto no tiene que ser motivo de ansiedad porque ya existen plataformas que te dan ideas de nombres que puedes utilizar según tu categoría de venta. También hay otras páginas donde puedes corroborar si hay redes sociales, sitios web y aplicaciones que ya estén usando ese nombre. Al momento de escoger un nombre para mi tienda *online* o cuando ayudo a mis estudiantes, lo primero que hago es verificar si su dominio, enlace de la tienda (www.taltienda.com) está disponible. Es importante que cuando vayas a escoger este nombre, identifiques lo siguiente:

1. **Que capture la atención y sea fácil de recordar:** Es una ventaja que las personas identifiquen ese nicho y piensen en ti... quedaron hechizados. El nombre de mi tienda *online* más reciente, ecompresarios.com, se realizó con el objetivo de que los empresarios se sintieran identificados y comunica que pueden conseguir productos de interés para ellos.

2. **Fácil de escribir:** algunos estudiantes eligen nombres para sus tiendas *online* muy robustos y complejos, y después ni ellos mismos recuerdan cómo se escribe. Algunos escogen nombres muy bonitos. Entonces, mayormente los padres que, por ejemplo, tienen 3 hijas: Pierina, Laura y Katiushkas, le ponen un poco de los tres en el nombre de la tienda y termina llamándose Pielariushkas. Cuando me preguntan: «Vero, ¿qué te parece? Les contesto: «Deletréenme esa palabra en 3 segundos». Se ríen y saben lo que eso significa... hay que cambiarlo. Esto de pensar en los hijos y la familia es un concepto muy bonito, pero, muchas veces, el nombre no resulta claro. Recuerda algo: Solo lo lindo no vende y no queremos complicar el asunto, queremos mostrar nuestro mensaje claramente a quienes nos visitan. Busca la forma de que sea bonito, pero fácil de escribir para que puedan encontrar tu tienda *online* sin problemas.

3. **Que sea corto:** Es recomendable que sea de una a dos palabras. Existen generadores de nombres donde colocas el nicho que vas a vender y te proveen ideas de nombres con dos palabras. Menos es más. Lo que queremos es que puedan escribirlo rápido y compren.

4. El dominio debe estar disponible: En muchas ocasiones, mis estudiantes se enamoran de un nombre para la tienda. Hacen el logo, los «banners» decorativos y cuando van a buscar el dominio... ¡sorpresa! Ya otra persona lo tiene. Se frustran, se entristecen y tienen que cambiarlo todo. A veces le añaden un «shop» o «store» al dominio para poder conseguirlo.

Toma el tiempo para escoger tu producto, esto es parte de la imagen de tu negocio *online*. Recuerda: para escoger tu producto, haz un análisis de mercado. Por ejemplo, si escoges vender trajes de baño, identifica cuáles son los mejores meses de venta en el país donde deseas venderlos. En países caribeños, como Puerto Rico, el verano es todo el año; sin embargo, en España quizás es desde junio a septiembre. Verifica otras tiendas que vendan en este nicho para que tomes ideas, inspirarte y no hacer aquello en lo que están fallando. Visita sus tiendas *online*, navega en ellas, deja un producto en el carrito para ver qué estrategias utilizan de seguimiento y, finalmente, compra. Toma nota de cuán rápido llegó el producto y cómo estaba empacado. Debes tomar esto en serio, hacer tu análisis y pasar al próximo paso: Crea y configura.

Ahora te toca a ti:
Escoge tu producto

1. Analiza si: ¿cubre una necesidad?, ¿brinda comodidad? o ¿ahorra tiempo o dinero? Escribe cómo.

_____
_____
_____
_____
_____
_____
_____
_____

2. ¿Tiene subproductos?, ¿cuáles son?

_____
_____
_____
_____
_____
_____
_____

3. ¿Verificaste la calidad?, ¿qué dicen las reseñas?

_____
_____
_____
_____
_____
_____
_____

4. ¿Cómo mercadearías ese producto?

_____
_____
_____
_____
_____
_____
_____

5. ¿Podrías venderlo dos a tres veces por encima del precio del suplidor, siempre y cuando el producto lo aguante?

_____
_____
_____
_____
_____
_____
_____

6. ¿Cuál es el margen de ganancia?

_____
_____
_____
_____
_____
_____
_____

7. ¿Cómo obtendrás el producto? ¿Cuál técnica usarás?: «drop shipping», comprar al por mayor, afiliación, hecho a mano...

_____
_____
_____
_____
_____
_____
_____

8. ¿Cuál será el nombre de tu tienda?

_____
_____
_____
_____
_____
_____

Paso 3:
Configura

Existen muchas
tiendas en línea,
pero solo venden las que
generan credibilidad».

-Verónica Avilés

«Dar el primer paso es avanzar
la mitad del camino».

-Mike Zuckerberg

Crear y configurar una tienda *online* correctamente es el tercer paso de nuestra metodología. Este es el segundo pilar para tener éxito en tu negocio *online*. Podemos tener un producto potencial y un mercadeo dirigido a nuestro cliente ideal, pero si cuando llegan a nuestra plataforma donde se encuentran los productos, no inspira confianza, así mismo como llegaron se van a ir. Para que tengas una idea, según el blog de oberlo.com, aplicación de comercio electrónico que nos ayuda a importar productos, se mueven 2.8 trillones de dólares de manera *online* y cada año seguirá en aumento. Solo la plataforma Shopify tiene un millón de tiendas *online* en 175 países.

Existen muchas tiendas en línea, pero solo venden las que generan credibilidad. El error de muchas personas cuando comienzan este tipo de negocio es que creen que crear una tienda *online* es solo cuestión de colocar fotos de productos en una plataforma, ponerle un nombre y listo. A veces, hasta por la prisa de querer lanzar la tienda, no se toman el tiempo para crear una imagen sofisticada que represente su cliente ideal, para que quien visite la tienda *online* se sienta bienvenido. No añaden la cantidad de fotos necesarias para que la persona pueda tener una idea visual completa del producto y sus detalles. Recuerda, debes tratar de apelar a todos los sentidos posibles de esa persona, ya que no se encuentra frente a frente a ese producto. ¡Necesitamos que con una foto puedan oler o sentir tu producto! ¿No te ha pasado que ves una foto de un plato de comida y se te hace la boca agua? Ves una foto de una familia de vacaciones, y su ambiente te hace imaginar hasta una música de fondo y te sientes relajado. ¡Eso es lo que necesitamos! Tienes que «botarte» con esas fotos.

Aún sin tener la experiencia, en mis comienzos, siempre fui bien detallista con esta etapa. Quería que las fotos de mis productos se vieran bien; mayormente con el mismo estilo y fondo. Brindaba información clara y precisa sobre ellos; y también añadí aplicaciones, una de ellas para que las personas compartan su experiencia del producto y provocar confianza en él. Siempre me preocupé por crear una imagen limpia y delicada, aun sin tener un diseñador gráfico que me ayudara en esos momentos. Veía las fotos de mi suplidor y escogía las más bonitas. Recuerda, estaba en cero, así es que creaba, borraba y presionaba cada botón para ver qué se hacía con él. En menos de dos semanas tuve mi tienda lista para ser lanzada. Todavía recuerdo como si fuera hoy cuando la presenté en mis redes sociales personales para que fueran mis amigos y familiares los primeros que me apoyaran en este nuevo proyecto. Imagino que mis seguidores habrán pensado: *Aquí viene Vero con un nuevo invento,* pero para mí no era un invento, estaba segura de que iba a ser la causante de mi renuncia. Y así fue... como te conté en *La magia de reinventarte*.

Como te había mencionado antes, la imagen de tu tienda *online* es tu carta de presentación. Es lo que atraerá o espantará a tu cliente potencial. El proceso de venta comienza desde ese momento que presiona clic para ver tu tienda. Trabaja para darle una experiencia única desde que presiona la imagen del producto, lo añade al carrito, hace la compra y finalmente recibe el paquete. En el libro *Building a Story Brand* de Donald Miller, aprendí un concepto que le llamé «El plan z del consumidor». Consiste en diseñar tu tienda *online* con sentido. Cuando tu cliente entra a una tienda *online* mueve sus ojos en dirección Z, así es que, al momento de crearla, identifica si tu tienda *online* provoca una ruta visual.

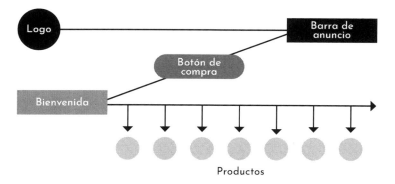

Productos

De esta manera puedes provocar una interacción entre tu cliente potencial y tu tienda *online*, que entienda tu mensaje, cómo lo puedes ayudar y, de esta manera, aumentar su confianza para comenzar a comprar. A continuación, te presento una lista de cotejo de todo lo que necesita una plataforma *online* para crear una

ruta visual, que genere confianza en tus clientes y pre-
pararla para ganar en grande. **Esta lista de cotejo
se dividirá en dos partes: El «back-end» o soporte
de la tienda *online*, que es donde configuramos y
programamos su funcionamiento y el «front-end»
o interfaz, que es su diseño visual, la vitrina que
verá nuestra clientela cuando nos visite.**

«Back-end» o soporte
Configuración para el funcionamiento de la tienda *online*

1. **Políticas:** Son las reglas de nuestro negocio *online*,
   lo que nos protege ante cualquier situación. Tuve
   una estudiante que luego de 45 días, un cliente
   quiso devolverle un producto porque no era lo que
   pensaba. ¡Mes y medio luego! Mi estudiante me
   escribió histérica por lo sucedido. «Relax, ¿qué dice
   tu política de devolución? Ve y envíasela», le recomendé. Cuando entro a su tienda, para ayudarla
   con el procedimiento me doy cuenta de que no las
   tenía en ninguna parte. «¿Dónde están tus políticas?», le pregunté de inmediato. Ella decía que las
   había creado. Para su sorpresa y la mía, sí, las tenía, pero no en el «front-end». Cuando configuramos una tienda *online*, desarrollamos las políticas
   en un área (el «back-end»), pero después hay que
   reflejarlas en el «front-end» y esto ella no lo había
   hecho. Luego de dimes y diretes por correo electrónico con su cliente, no le costó de otro remedio que
   recibir el producto, probablemente usado y devolverle el dinero. No es solo tener reglas, es tenerlas
   visibles y al alcance de tu cliente. En mi caso, esto
   me ha ayudado mucho a resolver situaciones con
   los clientes y hasta con las plataformas de pago.

No es tu responsabilidad que ellos la lean, pero sí que estén disponibles. Si surge cualquier situación y es pertinente, puedes hacer alusión a las políticas de la tienda. Tienes que prepararte porque no hay cómo evitar este tipo de situaciones. Siempre suceden, y no puedes tomarlo personal. Estas tienen solución rápida si tienes tus políticas identificadas y explicadas correctamente. Aquí te muestro las que debes tener como mínimo:

a. **Política de envíos:** Consiste en proveer la información de tiempo aproximado de los **envíos** de cada orden. En ella puedes dar un estimado de tiempo del **procesamiento** de la orden (el tiempo que te toma ver la orden y empacarla o procesarla) y tiempo de envío (tiempo estimado que tarda en llegar a su hogar).

b. **Política de devolución:** Esta política detalla cuánto tiempo tienen los clientes para devolver un producto luego de que lo reciban. Identifica qué productos pueden devolver, en qué condiciones y si se entregará dinero o crédito de la tienda. Si no se permiten devoluciones, no hay problema, es tu negocio, son tus reglas. Lo importante es que cada una de las reglas que decidas sobre la operación de tu tienda *online* esté por escrito y visible.

c. **Política de privacidad:** Esta política indica que no se divulgará de ninguna manera, cualquier información provista por los clientes al momento de hacer la compra.

d. Términos de servicio: Indicas que eres propietario de la plataforma *online* y que tienes el derecho de cerrar y hacer las modificaciones pertinentes, incluyendo precios, en tu negocio. Así como el derecho a no aceptar órdenes de algún cliente.

2. **Métodos de pago:** Es recomendable proveer, por lo menos, dos métodos de pago. Por ejemplo, yo acepto tarjetas de crédito (Mastercard, Visa, American Express, entre otras) y Paypal. En mi tienda *online* y la de muchos de mis estudiantes, del 70% al 75% por ciento de las ventas se consuman con Paypal ya que brinda confianza a los clientes. Recuerda, ellos quieren comprarte, pero quizás no tienen específicamente ese método de pago que provees. Es importante brindar alternativas para no perder oportunidades.

3. **Envíos:** Configura tus envíos correctamente y de una manera inteligente. En muchas ocasiones si el producto es liviano y el costo del envío es menor de $5.00 dólares podemos incluirlo en el precio del producto y promocionarlos como «con envío gratis». Es mi estrategia favorita pues cuando el cliente ve: $25 + $5 de envío, se entristece porque piensa que le estás añadiendo un costo adicional, pero cuando ve $30 y envío gratis, se emociona y lo siente más viable. Si al añadir el costo de envío al producto, provoca que su precio se vea muy alto –ya sea porque es muy grande o pesado– puedes dar una tarifa fija de envío o realizarlo por peso. Dependiendo lo que compren, es lo que cobras de envío. Todo negocio es diferente en

los envíos. Configúralo de la manera más costo-efectiva para ti e interesante para el cliente.

4. **Opciones de «checkout»:** El «checkout» es el área donde los clientes colocan su información personal para realizar el pedido. Aparte de su nombre, apellido y dirección física o postal, lo más importante es provocar que tengan que escribir su dirección de correo electrónico para poder realizar la compra. De esta manera podrás aumentar tu lista para hacer mercadeo por correos electrónicos, recuperar ventas, aumentar las existentes y mantener una conexión genuina con tus clientes. Esto lo explicaremos más al detalle en el Paso 7: Expande.

5. **Dominio:** Un dominio es el enlace web, ejemplo, www.(tutienda).com, .shop o .store para mover el tráfico de clientes a tu tienda *online*. Debes comprar un dominio para tu negocio *online*. Algunos puedes conseguirlos en compañías de alojamiento o «hosting» como Godaddy, Namecheap o en la misma plataforma donde crees tu tienda *online*. Esta parte es importante. Te enamoras del nombre de la tienda *online*, y cuando luego no está disponible, tienes que cambiarlo todo, incluyendo logos, artes, entre otros.

6. *Creación y manejo de inventario:* Cuando añadimos un producto en nuestra tienda *online* hay dos conceptos importantes: inventario y el título y descripción del producto. Inventario consiste en saber cuántas piezas tienes por producto y/o por tamaño (en caso de que varíe). Si cobraras envío dependiendo del peso del producto, como te

expliqué en el punto 3, es importante que también tengas esta información sobre cada producto.

En cuanto al título y descripción del producto es una de las áreas más importantes porque este es tu discurso o «pitch» de venta del producto. Es lo que provoca que el cliente decida comprar. Debes tener una descripción completa y detallada del producto. No escribas que el vestido que vendes es azul por que eso se ve en la foto, da las medidas, para qué ocasión se puede usar, el material, con qué se puede combinar, etcétera. Si vendes ropa, provee una tabla de tamaños o «sizing chart» que incluya las tallas US (americanas), Can (canadiense) y EU (europeas), un 30% de tus ventas se pueden reducir por la falta de esta información. Incorpora audiovisuales en la descripción. Sería interesante ver vídeos de cómo funciona el producto o «boomerangs» de una persona modelando la pieza. Incorpora aplicaciones para compartir los testimonios de tus clientes. No temas a ser diferente, como le digo a mis estudiantes: «¡Sal de la caja y haz lo que otros no están haciendo!». Al momento de escoger el título del producto y su descripción, asegúrate de tener los «keywords» o palabras claves correctas para que puedan encontrar tu producto fácilmente. En mi tienda *online* recibo muchas órdenes desde Google, no por que me promocione en esta plataforma, sino porque las palabras que utilizo para nombrar y describir mi producto son las más utilizadas en la búsqueda. Sé cómo las personas buscan mi producto, sé qué palabra escriben en la búsqueda de la web; y tú también tienes que conocerla.

«Front-end»
Diseño visual de la tienda *online*

Necesitamos una tienda *online* que luzca profesional, conforme a nuestra marca y, sobre todo, que las personas puedan entender a qué nos dedicamos y cómo los vamos a ayudar para que compren.

Sin olvidar lo que te expliqué de «El plan z del consumidor», toma en consideración lo siguiente:

a. **Menos es más:** Ya sabes quién es el protagonista de tu negocio *online*. No hagas una tienda que solo tú puedes entender y encontrar sus productos. Crea una tienda que sea clara y que los productos sean fáciles de encontrar.

b. **Imagen atractiva:** Usa fotos de buena calidad. Fotos «pixeladas» o borrosas producen desconfianza. Si buscas fotos de la internet, asegúrate que tengan la licencia CCO (Creative Common Zero License), lo que quiere decir que puedes usarla para propósitos de negocio. Ojo: cualquier foto que veas en Google no la puedes utilizar porque no te pertenece. También, cuidado con el uso de los «slideshows» en el «banner» principal de tu tienda *online*. Muchos los aman, pero hay que tener precaución. Si no los configuras adecuadamente, puede pasar muy rápido y las personas no pueden ver, ni leer claramente el mensaje que deseas llevarles.

c. **Información e imagen detallada y actualizada:** Provee información clara de qué vendes, cómo los puedes ayudar y dónde encontrar lo que están buscando. Sé repetitivo, relevante y claro. Para los tiempos de COVID-19, una estudiante me pidió recomendaciones para mejorar sus ventas en esos tiempos. Le pregunté: «¿Tus jabones son 100% desinfectantes?». Me dijo que sí. «¿Dónde lo dice?» Sobre todo, en estos momentos, las personas deben saberlo. En cada descripción de cada producto esa información tiene que estar presente.

Tampoco asumas que ellos saben qué tienen que hacer en tu tienda *online*. Utiliza frecuentemente las llamadas a la acción que deseas: «Compra Aquí», «Suscríbete Aquí», «Ver Más Aquí», entre otros. Mantén tu tienda actualizada. Si añadiste una oferta y terminó el mes pasado, elimínala visualmente. De no hacerlo, las personas comenzarán a utilizar un cupón que ya expiró. Si viene la temporada de Navidad, utiliza imágenes conforme a la época, pero si ya pasó, haz el cambio nuevamente. Queremos reflejar que mantienes tu tienda *online* y que le dedicas tiempo a su imagen.

d. **Logo:** Crea un logo para tu tienda. Esto brinda estructura, profesionalismo y confianza al cliente. Existen plataformas por internet que hasta te lo hacen por $5.00 dólares.

e. **Información de métodos de pago:** Visualmente se debe reflejar qué métodos de pago acepta tu negocio *online*. Muchas plataformas añaden esta información por «default» o por defecto en los «templates» o plantillas que escojas para tu tienda, pero de todas maneras debes verificarlo en caso de que la plataforma que estés utilizando, no lo haga.

f. **Quiénes somos:** Es un área donde le explicas a tu cliente, quién eres, en qué te especializas, desde qué año comenzaste, entre otros. Atrévete a colocar fotos de tus empleados, de tu taller o tuyas y los materiales que usas (en el caso de que hagas los productos en tu hogar). Las personas quieren saber quién se encuentra detrás del negocio, quieren ver una persona. Si no haces los productos tú mismo, como me pasa a mí, simplemente escribe información general de la tienda que demuestre el compromiso real que tienes con ellos y que refleje la seriedad y confiabilidad de tu negocio.

g. **Información de contacto:** Cuando me preguntan: «Verónica, ¿cómo podemos asegurarnos de que compramos en una tienda *online* confiable?». Una de las cosas que les indico es: «Verifica que tengan información de contacto, que, de ocurrir algo con tu orden, tengas a donde escribir o llamar». Ahora que me dirijo a ti, dueño y creador de tiendas *online*, no olvides proveer información de contacto para que el cliente se sienta tranquilo, que ante cualquier situación que ocurra con su orden, podrá contactarte.

h. **Políticas:** No olvides tener las políticas, que configuraste en el «back-end», visibles en la tienda *online*. Mayormente se colocan al pie de la página de tu plataforma. No te interesa si el cliente las lee, esa es su responsabilidad. Tu responsabilidad es que estén visibles y disponibles.

i. **Formato móvil:** Entre el 70% al 80% por ciento de las compras se hacen por formato móvil. Es de suma importancia que tu tienda *online* responda correctamente y se vea bien tanto en computadora como en celular.

j. **«Live chat support»**: Incluye una ventana donde las personas puedan contactarte en vivo y puedan dejarte cualquier duda o problema que tenga al momento de comprar. Ellos escriben y estos mensajes te llegan directamente a tu mensajería privada de Facebook.

Solo cuando te asegures de que cumples con cada una de estas configuraciones, puedes gritar a los cuatro vientos que tu tienda *online* está lista para recibir clientes. Antes de lanzarla al público, crea una orden de prueba para que confirmes que todo funciona correctamente. Antes y durante la creación de la tienda *online* puedes comenzar con la creación y desarrollo de contenido en tus redes sociales. ¿Por qué es importante y cómo promoverte de la forma correcta? Lee el próximo paso.

Ahora te toca a ti:
Construye tu tienda *online*

Aquí te presento una lista de cotejo para que te asegures de que cumples con cada uno de estos puntos, antes de lanzar tu tienda *online*.

A. «Back-end» o soporte y configuración de la tienda:

1. Políticas
   Política de envíos
   Política de devolución
   Política de privacidad
   Términos de servicio
2. Métodos de pago
3. Dominio: enlace o dirección de la tienda (URL)
4. Inventario: cantidad y fotos de los productos

B. «Front-end» o interfaz de la tienda

1. Imágenes decorativas de la tienda
2. Escogido del «template» o plantilla
3. Logo
4. Página de contacto
5. Página de quiénes somos
6. Información de pago
7. Formato móvil
8. «Live chat support»

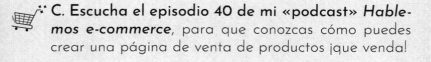

C. Escucha el episodio 40 de mi «podcast» *Hablemos e-commerce*, para que conozcas cómo puedes crear una página de venta de productos ¡que venda!

Paso 4:
Promueve

« **Vender es una habilidad que no tienes que nacer con ella, sino aprenderla y desarrollarla durante tu camino empresarial».**

Verónica Avilés

> «La única cosa peor que empezar algo
> y fracasar, es no empezar algo».
>
> –Seth Godin

¡Felicidades! Ahora es que viene el acto de magia... Ya tienes lista la tienda *online* y requieres prepararte para presentarla a tu audiencia. Estás en una etapa importante porque puedes tener un producto potencial y una plataforma que genera confianza, pero si no creas estrategias correctas de promoción dirigidas a tu cliente ideal, no tendrás los resultados esperados.

Promover nuestros productos al cliente equivocado puede provocar que a las personas no les guste nuestro producto, no lo necesiten o hasta lo encuentren costoso. Cuando empezamos a crear nuestra tienda *online*, nos llenamos de emoción con todo el proceso. Escogemos los productos, decidimos la manera en la que vamos a obtenerlos, configuramos la plataforma de «e-commerce» y comenzamos con el montaje de la tienda *online*. Ahora, lo que siempre asusta a mis estudiantes, clientes y comunidad es...

¿Cuándo y cómo genero mis primeras ventas?

 La contestación es: Desde antes de tener una tienda *online* ya puedes generar tus primeros ingresos.
Una vez una futura estudiante me escribió: «Saludos, Verónica. Para esta fecha, quiero lanzar mi tienda *online*. ¿Podemos vernos este día?». Miré el calendario y no tenía nada en agenda, ¡claro que sí, aún faltaba mes y medio para esa fecha! Recuerdo que me sorprendí, pensé: «En un mes y medio ella no va a aparecer». De todas maneras, le dije que sí y la anoté. Para mi sorpresa, no solo apareció, me envió un recordatorio dos días antes y cuando llegó el día de la creación de su tienda, quedé impresionada. Ella andaba con su libreta llena de todas las preguntas que me quería hacer. Ahí anotaba contestaciones y subrayaba cada pregunta que íbamos discutiendo. Me preguntó los puntos que debía tomar en consideración, estrategias de mercadeo, fotos de los productos, entre otras. En ese momento, me enseñó todo lo que había hecho. Llevaba un mes haciendo publicaciones sobre su tienda en sus redes sociales, tenía un plan de contenido y sus amigos y familiares conocían de su nuevo proyecto. Ella había creado toda una euforia y contenido premeditado de «lo que estaba por venir». Para hacerte la historia más corta, cuando lanzamos la tienda, nos despedimos y me monté en mi auto. A los 20 minutos de haberme ido del lugar, me dejó un mensaje: «No quiero que choques, pero ya tuve mi primera venta». Sonreí, pero no me sorprendí. Ella había trabajado para obtener esos resultados. Generó más de $500.00 dólares en su primer día de lanzamiento.

Para lograr esto es de suma importancia que, durante los preparativos de tu tienda *online*, como parte de tu estrategia de mercadeo, ya vayas anunciando a tu comunidad, aquellos que te siguen y confían en ti o tu marca, que «pronto vendrá algo que impresionará a todos». Llénalos de emoción con tu contenido y hasta puedes crear lo que se conoce como una preorden para asegurar ganancias desde antes del lanzamiento. Para la creación de mi primer libro *La magia de reinventarte*, me mantuve documentando todo el proceso en mis redes sociales: desde que firmé contrato, comencé a escribir el manuscrito, cuando escogimos el nombre y, finalmente, el diseño de portada. Cuando estaba por lanzarse, el equipo de Emprende Con Tu Libro y yo nos reunimos para primero, definir el objetivo (ser un «Best-seller» en Amazon) y segundo, establecer el plan de mercadeo. Decidimos anunciar por medio de una transmisión en vivo una preorden, en la que esas primeras personas que compraran por Amazon recibirían un descuento especial del libro. Sorprendemente, no solo estuvimos en las listas de los libros más vendidos de Amazon, sino que, en el primer día de su lanzamiento, ¡logramos ser Best-seller #1 en Amazon en la categoría de emprendimiento y negocios, estando al frente de grandes autores como Gary Vaynerchuck, John Maxwell y Robert Kiyosaki! ¡Aún recuerdo esa foto de la portada de mi libro al lado de los libros de estos autores y se me eriza la piel! La combinación de haber mantenido a mi comunidad «caliente» en todo el proceso del libro, más tener una estrategia de mercadeo clara, nos ayudó a posicionarnos entre los grandes.

Otro punto importante es conocer el comportamiento de tu futuro cliente, o sea, crear un plan para aquellos que no te conocen. Establecer estrategias a base de cómo convertir un público frío o una persona totalmente desconocida, en un cliente que no tan solo te compre más de una vez, sino que te refiera a otros. Debes entender este proceso para que puedas definir desde el comienzo una ruta correcta de promoción que no te haga perder tiempo ni dinero. Como dueño de una tienda *online*, debes establecer estrategias de mercadeo digital que te ayuden a tener una audiencia leal y duradera. El mercadeo digital son aquellas actividades realizadas con el fin de promover una marca o negocio a través de redes sociales como Facebook, Instagram, Twitter, YouTube, entre otras, y que facilitan la interacción de la marca con su público objetivo, a un nivel mucho **más personalizado** y dinámico que con las técnicas de mercadeo tradicional. Lo que quiere decir que la **«humanización de la marca»** en el contenido y exposición de productos es de suma importancia. Cuando hablamos de «humanización», me refiero al mercadeo que muestra una persona mientras utiliza o modela el producto. Si vendo un labial, no es lo mismo presentar una foto del labial como tal encima de una mesa frente a una pared rosa a presentar una foto de una persona que se aplica el labial o de unos labios que muestran el color del producto.

Los beneficios de estar presentes en estas plataformas digitales es que le da valor a tu marca, seguridad al cliente (aquí puede ver todo tu contenido y tu atención al cliente), mayor conversión de clientes potenciales a clientes y, lo más importante que discutiremos en el Paso 5: Recopilación de datos.

¿Cómo crear tu plan de mercadeo?

Crear contenido puede ser abrumador, pero no tiene que serlo si creas un plan. Establecer una estructura donde identifiques cuál es el propósito de la marca, qué deseas lograr y qué se necesita para obtener lo que quieres. A continuación, te presento los pasos para tener un plan de mercadeo que promueva tus productos o servicios de manera correcta para ganar en grande.

1. **Define tus objetivos:** Hazte las siguientes preguntas: ¿Cuál es el propósito de cada contenido que publicas?, ¿hacer que la marca sea conocida o tener presencia en las redes?, ¿obtener la atención de clientes potenciales o estimular la compra de quienes ya son clientes?, ¿tener ventas o conseguir subscriptores a tu tienda *online*?

2. **Identifica tu cliente ideal:** Un cliente ideal es aquel que encuentra la solución perfecta a su problema o necesidad en los servicios o productos que brinda tu tienda *online*. **¡Esto quiere decir que tú lo escoges!** Desde el Paso 1 estás planificando a quién le vas a vender. Puedes determinar quién comprará en tu tienda *online* y cuando entiendes esto, te das cuenta de que los «likes» en tus páginas de negocio en las redes sociales no son lo que verdaderamente importa. Lo importante es que la audiencia que tengas, poca o mucha, sea conforme a las características de tu cliente ideal. Dentro de estas características están:
   A. Edad
   B. Género

C. Localización (país o región)

D. Nivel adquisitivo

E. Posición - Empleo

F. ¿Qué consume?

G. ¿Qué lugares visita?

H. ¿Qué música escucha?

I. Artistas - figuras públicas

J. Responsabilidades

K. Intereses generales

Quiero darte un ejemplo. Puedo tener una tienda *online* de ropa de mujer, pero, aun así, debo clasificar qué tipo de mujer es la que vestirá las piezas que tengo para ofrecer. No es lo mismo vestir a una mujer joven de 30 años que a una mujer más adulta de 55 años. Probablemente, no es lo mismo vestir a una mujer que se encuentra estudiando en la universidad a una que ya tiene una empresa, es esposa y madre de tres hijos. En todos estos casos, siguen siendo mujeres, pero su edad, empleo, responsabilidades, su preferencia en la música y sus intereses pueden ser diferentes y tú debes conocerlos. Tengo muy claro que el contenido de mi tienda *online* no puede ser el mismo que el de mi marca personal «Verónica Avilés», aun sabiendo que en ambos negocios mis clientes ideales son mujeres. No solo porque son negocios totalmente diferentes, sino porque los intereses de la audiencia no son los mismos. Una quiere comprar joyería, la otra desea aprender de comercio electrónico. Puedes tener dos o tres negocios que incluyan o no una tienda *online* y si el cliente ideal es diferente, el contenido también tiene que serlo.

Si te pregunto en estos momentos, quién es tu cliente ideal, ¿sabrías contestarme? Cada dueño de negocio tiene que conocer quién es para poder entregarle en el mercadeo lo que está buscando. **Recuerda que a estas plataformas de redes sociales no les interesa si vendemos o no, les interesa darle al consumidor lo que él desea ver.**

3. **Analiza tu mercado:** Identifica las marcas reconocidas que se venden en tu nicho. Cuáles son, qué están haciendo bien (para inspirarnos) y qué están haciendo mal para mejorarlo y no cometer los mismos errores. Como te había mencionado, puedes hacer una compra, así ves cómo llega empacado el producto, con cuánta rapidez, cuáles son sus estrategias de seguimiento, etcétera. Analiza qué palabras utilizan en su contenido, anuncios y tienda *online* para vender. Ojo, no todo lo que hacen los demás funciona. Debemos siempre analizar el mercado, pero usando nuestro criterio según nuestro cliente ideal.

4. **Estudio de redes sociales:** Existen, actualmente, tantas y tantas redes sociales. Los negocios tienen la confusión de que creen que tienen que estar en todas. Es preferible que estés en una o dos redes sociales, que las utilices y crees un contenido efectivo, a que estés en todas, no sepas utilizarlas y parezca una página fantasma. Identifica con qué red social te sientes más familiarizado y que entre los usuarios esté tu cliente ideal. Tengo estudiantes, mayormente chicas, que utilizan Pinterest como plataforma principal para mercadear sus productos. La razón para escoger esa plataforma es que, aparte de que es la tercera plataforma que más

mueve tráfico de una red social a una tienda *online*, aman Pinterest y están familiarizadas con ella. Ya han comprado ahí y saben cómo crear los «pines» y los tableros, etcétera. Otros deciden estar en Instagram. Si tu cliente es adolescente o adulto joven, quizás podrías usar Snapchat o TikTok (redes sociales muy activas en estos momentos) o si es un cliente más empresarial, podrías usar Facebook o LinkedIn. Reconoce con cuál te sientes más cómodo para trabajar y ¡manos a la obra!

5. **Plan de contenido:** Define qué verán las personas que navegan en tus páginas de negocio. Cómo distribuirás tu contenido. Cuántas publicaciones harás al día o a la semana: horarios, formato de contenido (vídeos en vivo, vídeos regulares, «boomerangs», fotos, carruseles, infografías, historias, entre otros). **No olvides que el contenido es vida en las redes sociales.** Aquí te presento un plan de contenido que te ayuda a ganar mucho más... mucho más rápido.

   A. **Crea contenido que las personas quieran compartir.** ¡Amo los «shares»! (los «compartir»). Es una manera para aumentar mi comunidad sin invertir en anuncios; y es una estrategia que comparto con mis estudiantes. No importa lo que vendas, siempre hay manera de crear publicaciones que otros deseen compartir en su «feed» de Facebook o historias de Instagram.

   Una estudiante que vende guías nutricionales y alimentos saludables me escribió porque deseaba aumentar la interacción entre sus publicaciones y seguidores en Instagram. Cuando miro su «feed», le di consejos sobre cómo mejorar las fotos de sus platos, sobre el «copy» o texto que debía escribir bajo cada publicación, entre otros y luego le pregunté: «¿Cuál es el propósito de tu negocio?». Me miró pensativa y respondió: «Quiero que las personas cambien su alimentación, motivarlos para que mejoren su autoestima y que se amen lo suficiente para querer cuidarse más». Abrí mis ojos y le dije: «*Wao*, definitivamente tu negocio es algo más que vender comida saludable. El problema es que no veo en este contenido el mensaje que deseas brindar. Si te atreves a añadir uno o dos publicaciones por semana con citas inspiradoras que comuniquen tu propósito, créeme que las personas lo compartirán y otros te conocerán». Así lo hizo y aún lo hace. Comenzó a crear publicaciones con citas edificantes como «Que tu meta hoy sea ganarle a tu mejor excusa», y en el escrito motivaba a las personas a que crearan un cambio en su alimentación. Otra publicación fue «No te estoy diciendo que es fácil, te estoy diciendo que valdrá la pena...» y así sucesivamente. A dos semanas de nuestra reunión me dice: «Vero, las personas están compartiendo mi contenido, me surgieron dos clientes que quieren un plan de alimentos y mi «*feed*» se ve más bonito». Ahora tanto la estudiante como la mentora estamos felices y celebramos juntas.

B. **Escribe en segunda persona singular y cuidado con el uso de los «*emojis*».** No es lo mismo decir *¿Quiénes necesitan un auto?* a decir *¿Necesitas un auto?* Cuando nos expresamos en segunda persona singular, el consumidor se siente identificado y puede verlo como «*Esto es un mensaje del universo para mí, necesito comprarlo*». Con relación a los «*emojis*», sé creativo sin perder el profesionalismo. Muchas veces, usamos tantos «*emojis*» que las personas se perdieron, no saben dónde leer o se abruman y los pierdes.

C. Lo que publicaste hoy, puede funcionar en varios meses: A veces, nos enfocamos en ofrecer contenido distinto todo el tiempo. Quizás ese tutorial sobre la mascarilla que vendes, puedes usarlo nuevamente para la temporada de Navidad al cambiar la música de fondo y ya.

D. Directo al grano (la gente no quiere leer): No es necesario contar la gran historia de tu producto. Cuando entren a la página de venta, podrán ver toda la descripción. Mejor enfócate en los beneficios y en la experiencia que van a tener cuando usen los productos. Sé directo, claro y repetitivo («Ordena aquí» y otra vez, «Ordena aquí»).

E. Las historias («*stories*») son importantes, pero mucho ojo con la exageración: Las plataformas que tienen esta función (Instagram, Facebook, WhatsApp, Snapchat, entre otras) te muestran, durante 24 horas, la cantidad de historias que publican otras personas, por medio de puntos (...) en la parte superior de esta área. En conferencias y en mi Programa eCommerce Avanzado enfatizo el hablar de lo que es relevante mediante las historias. Es un medio en el que tienes solo 15 segundos para decir la información que quieres dar. Ve al grano. Cuando estoy hablando de este tema, hago la siguiente pregunta: «¿Qué haces cuando vas a ver las historias de una persona y ves muchos puntos en la parte superior?» (Esos puntos indican cuántas publicaciones hay). El 95% (si no todos), contestan «*Paso a la siguiente*». Esta respuesta no sorprende porque para eso se hicieron los «*stories*», para decir algo significativo de tu producto, del tras bastidor de tu negocio; o aquello que escuchaste, aprendiste o hasta comiste. **Para páginas de negocios, tus historias son para brindar información, motivar, inspirar o vender.** No las uses para contar una novela. Uf, se lee fuerte, pero es la realidad. Para la novela (o información más compleja que requiere mucha explicación), te recomiendo crear un vídeo en vivo, por ejemplo, para Instagram usa IGTV, haz un «podcast» o cualquier otra plataforma.

Mi esposo es uno que ya sabe quiénes son los que hacen muchas historias (sea de perfiles de negocios o no) y cuando observa que está por llegar a las historias de esas personas dice: «¡Ay, ya viene fulano con muchos "stories"! *Next!*». Me rio y pienso *Así pueden decir de mí.* Soy bien cautelosa con esto. Quizás, si estoy de viaje o explicando algo más complejo, puedo excederme de 10 o 15 «stories» uno que otro día. Mayormente me sucede en las noches de «webinar», cuando muchos se conectan y me etiquetan, pero siempre trato de crear entre ocho a diez historias al día. El objetivo de los «stories» es ser claro y preciso, si cometes el error de hacer muchos (al punto de que los puntos se vean diminutos), las personas no tomarán tu contenido en serio, no podrán ver el beneficio de tus productos o servicios y te dirán «bye», «adiós», «ciao», «au revoir».

F. **Nunca presumas el comportamiento de tu comprador:** ¿Sabías que muchos negocios *online* cierran, no porque sus productos no son buenos, sino porque las personas nunca supieron el potencial de los mismos? Es por esto que nunca presumas que conocen:
1. tu historia
2. el costo
3. dónde ordenar
4. sus beneficios
5. cómo utilizarlo y otras informaciones

No me canso de repetir: comunica un mensaje claro, relevante y repetitivo. No olvides que siempre llegan nuevos seguidores, por consiguiente, es importante que sepas tener un balance y crees contenido para los que te siguen desde hace mucho y los nuevos que siguen llegando. Asumir que tus clientes sabrán lo que tienen que hacer podría reducir tus ventas hasta un 70%. Explica una y otra vez lo que quieres que ellos hagan. Sí, una y otra vez. ¿Verdad que a veces te preguntan lo mismo una y otra vez, aun teniendo en el escrito las instrucciones? Imagínate cuando no las tienes. He tenido estudiantes que han mejorado sus ventas solo por responder las preguntas de sus clientes en los comentarios de sus publicaciones. En ocasiones se molestan y me dicen: «Vero, pero en el escrito dice cuánto cuesta y me vuelven a preguntar». Les respondo:

«Inhala, exhala, y respóndeles copiando y pegando en su comentario el escrito de la publicación, o el enlace donde deben entrar». ¡No presumas nada!

G. Sé empático: Esto significa ponerte en la situación de los demás. Al no tener contacto físico con las personas, necesitas crear una comunicación que conecte con ese cliente. Cuando somos empáticos con las necesidades de nuestros clientes creamos confianza y conexión con ellos. Las personas confían y compran las marcas que las entienden.

Déjales saber:
1. que conoces sus emociones y necesidades;
2. que tú estás para darles una solución con tus servicios o productos.

Por ejemplo: Si vendes productos para adelgazar, no es lo mismo decir: «'Hello!', ya es hora de ponerte 'fit'. Deja de comer lo que no te ayuda»; a decirle: «Sé lo difícil que es crear un nuevo hábito alimenticio... comienza poco a poco de esta manera» (y escribes «tips» o consejos prácticos de cómo hacerlo). ¿Ves la diferencia? Para todo tipo de producto, siempre hay una manera empática de vender. **Recuerda que las personas aman comprar, pero odian que les vendan.**

Uno de los errores comunes que cometen las personas en sus plataformas de promoción es no publicar constantemente contenido relevante para su negocio. He visto mucho esto: el dueño del negocio confunde y pierde de vista el propósito real del contenido de sus redes sociales. Si vendes calzado y de momento hablas en las historias de Instagram sobre lo molesto que estás porque te escribieron un comentario de mal gusto, ¿qué tiene que ver esto con lo que vendes? Tus redes sociales de negocios son para eso, negocios. Olvídate de los chismes, de la competencia, de lo que ocurrió con tu matrimonio, hijos, etcétera. Evita entrar en temas de política, religión o hasta de deportes. Nuestras plataformas son para vender nuestros productos. Enfócate en proveer a tu consumidor el contenido por el cual decidió seguirte. Esto provoca confusión a tus clientes y desánimo. El contenido en tus redes sociales debe ser constante y relevante.

Dicho esto, quiero presentarte los tres tipos de contenido que debes proyectar en tus redes sociales de negocios:

1. **Informa:** Habla de tus productos, haz vídeos (tutoriales) sobre ellos. Informa sus beneficios, ventajas y componentes. Motiva, resalta citas positivas que se relacionen con tu nicho (a las personas les gusta compartir esa información).

2. **Date a conocer:** No tengas miedo en presentar lo que ocurre detrás de la fachada de tu tienda: la preparación de los productos, el hacer la orden al suplidor, el empacar e ir al correo. Atrévete a exponerte, que conozcan quién se encuentra detrás de ese negocio *online*. ¡Hechízalos!

3. **Vende:** El 20% de nuestro contenido debe ser ventas directas: «Ordena aquí, regístrate acá, usa este código, suscríbete». No olvides siempre colocar el etiquetado de tus productos en tus publicaciones, tanto en el «feed» como en los «stories». El objetivo de este etiquetado es poder proveer al consumidor información del producto, como costo y descripción. Esto nos ayuda a tener ventas más directas y de forma automatizada. Nuestros clientes quieren comprar sin tener que salir de las redes sociales... y un último consejo: no olvides regalar o tener ofertas irresistibles a cambio de su dirección de correo electrónico para luego seguir vendiendo.

Al momento de crear contenido; si no cumple con estos tres puntos, no lo publiques. Créeme, te salvará de situaciones y así no confundes a tu cliente. Las páginas de negocios son para eso, negocios.

6. **Establece un presupuesto para publicidad:** Aunque no nos guste, la publicidad pagada en los medios digitales cada vez más es una necesidad. Cuando el algoritmo -la herramienta que se utiliza para conocer qué tiene mayor visibilidad en estas plataformas-decide cambiar, nos obliga a ser más creativos para aumentar nuestra exposición orgánica. Siempre y cuando sepas trabajar con la creación y monitoreo de los datos de anuncios, te darás cuenta de que el presupuesto de publicidad es una inversión y que todo lo que estés dispuesto a invertir lo recuperarás seis, diez y hasta 30 veces o más. Recuerdo que, cuando oficialmente anuncié el

lanzamiento de mi tienda *online* en las redes sociales, decidí invertir $300.00 dólares en promoción, a razón de $10.00 dólares diarios. Fue un dinero que había ahorrado solamente para eso. Sabía que era una manera rápida y eficiente para dejarle saber a mi cliente ideal que estaba disponible. Me había asegurado de que mi tienda *online* se viera bien: había creado contenido orgánico y al menos ya tenía seguidores que eran mis amigos y familiares, así es que me lancé «con to' y zapatos». Recuerdo que ese primer mes, generé mis primeros $1,581.00 dólares y como Facebook me cobró al finalizar el mes, lo pude pagar con mis propias ventas. Tuve una ganancia estimada de $1,100.00 dólares. Tengo una estudiante que invierte $3,000.00 dólares al mes y genera $20,000.00 en ventas mensuales. Si te dijera que por cada $1,000.00 dólares, recibirás $7,000.00 dólares, ¿cuánto estarías dispuesto a invertir?

Dentro de la creación de anuncios tienes que tener bien claro:

a. **Cuál es tu objetivo:** ¿Quieres tener más vistas o interacciones?, ¿generar clientes potenciales? o ¿convertir clientes potenciales en clientes?

b. **Escoge tu audiencia a impactar:** ¿Qué edad tiene?, ¿en qué país vive?, ¿cuáles son sus intereses?, ¿es hombre o mujer?

c. **Ubicaciones:** ¿En qué lugar de Facebook o Instagram (artículos, «feed», «stories»)o aplicaciones vas a enseñar tus anuncios?

d. Presupuesto: ¿Cuánto dinero deberías invertir? Se recomienda comenzar con por lo menos $5.00 dólares al día para tener ventas en tu tienda. La verdad es que nadie puede saber cuál es el presupuesto perfecto a invertir para tener ventas porque hay muchos conceptos que pueden interferir en la efectividad y costo de un anuncio: el país donde se publicará, la audiencia, el interés, el producto, entre otros. En mi Programa eCommerce Avanzado tengo varias estrategias, una de ellas puede comenzar hasta con $1.50 dólares al día por **conjunto de anuncios**. Un conjunto de anuncios («adset») es una parte de la publicidad donde se crea la audiencia –se define la información demográfica como edad, género, localización e intereses– el presupuesto y las ubicaciones dentro de la plataforma donde se mostrará tu anuncio. ¿Puedes tener ventas con ese presupuesto tan bajo? Las hemos tenido, aunque la razón principal por la cual utilizamos este presupuesto es más para obtener datos y conocer los intereses de la audiencia atraída por nuestro producto. Por ejemplo, en mi tienda *online*, estaba vendiendo un collar en «stainless steel» que tenía el mapa de Puerto Rico. Deseaba venderlo a la diáspora que vive en los Estados Unidos. Usé las herramientas que enseñamos en nuestro programa educativo para analizar cuáles pueden ser los intereses que tienen los puertorriqueños que viven allá. Tenía alrededor de 15 intereses potenciales, entre ellos: Puerto Rico, Ricky Martin, Pandora, Jewelry, Tous. Ahora debía saber cuáles eran los intereses ganadores, así que utilicé presupuestos bajos, para conocer la efectividad de esos intereses. El conjunto de anuncios que venda es perfecto, pero en ese momento ese no es el objetivo. Quiero que entiendas que, aunque inviertas $1.50, $3.00 o hasta $5.00 dólares al día, nunca estás perdiendo dinero, porque, aunque no vendas tienes algo esencial: DATOS, información importante para optimizar y analizar tus anuncios. El presupuesto de tus anuncios se basará en cuánto conocimiento tienes de tus anuncios. Mientras más datos tengas para analizar, más seguro te sentirás en aumentar tu presupuesto.

e. **Creación del anuncio:** Esta es la publicación que los clientes potenciales o clientes establecidos verán en sus redes sociales. Puedes usar fotos o vídeos, lo importante es que refleje los beneficios o funcionamiento de tu producto. Tienes las opciones de crear la publicación desde cero o escoger una publicación existente que orgánicamente tuvo mucha interacción.

f. **Añade el botón de compra con tu llamada a la acción:** Compra ahora o «shop now».

g. **Activa tu «pixel ID» e intégralo en tu tienda *online*:** Un «pixel id» es un código que te provee la plataforma de Facebook para poder medir la efectividad de tus anuncios a base de las acciones que las personas realizan en tu tienda *online*. Luego de que este código esté integrado correctamente a tu plataforma donde tienes los productos de venta, tendrás la oportunidad de ver cuántas personas vieron la tienda *online*, cuántos añadieron productos al carrito, los que comenzaron la información de pago y hasta los que completaron la orden. De esta manera, no solo puedes medir la efectividad, sino que puedes «perseguir» a las personas que ya interactuaron en tu tienda *online* y enseñarles los productos que llegaron a ver o los productos relacionados a los que compraron para así expandir tus resultados. ¿No te ha pasado que entras a una tienda *online* y luego en las redes sociales ves una y otra vez anuncios de esta tienda? El dueño, gracias al píxel, pudo rastrear el comportamiento que realizaste dentro de su tienda *online* y ahora puede perseguirte. No es Facebook que te está escuchando. Puede parecer «creepy», pero los resultados son fascinantes.

7. **Analiza los datos:** Estudia en todo momento los datos de las plataformas en las que trabajas. En el próximo paso te lo explico con más detalles.

Conviértete en un vendedor estrella

Ser un vendedor estrella es lo que todos queremos aspirar a ser. Cualifico como un vendedor estrella a una persona que es capaz de venderle a clientes potenciales o clientes recurrentes sin que estos se den cuenta. Esto es una habilidad que no tienes que nacer con ella, sino aprenderla y desarrollarla durante tu camino empresarial.

A continuación, te explico los pasos para convertirte en un vendedor de cinco estrellas. Comprobé y organicé muchos de estos consejos luego de leer algunos en el libro de Donald Miller, autor de *Building a Story Brand*, un «best-seller» de *The New York Times*.

1. **El protagonista de tu negocio *online* no eres tú, sino tu consumidor:** Incorpora la opinión de tus consumidores en el progreso de tu negocio. Quizás pensarás *Haré lo que me guste a mí* y, aunque es importante, debes saber que el protagonista de tu negocio *online* es el consumidor, tu cliente... no eres tú. Un negocio *online* próspero y exitoso es aquel que cubre las necesidades y entiende a su consumidor.

   No olvides que el consumidor es quien:
   A. te va a comprar
   B. te va a seguir
   C. se debe sentir entendido y complacido...
   y lo más importante...
   D. se convertirá en tu fanático-promotor (aquí es que la cosa se pone buena).

2. **Identifica el problema:** ¿Recuerdas cuando en el Paso 2 te mencioné la importancia de escoger un producto que resuelva un problema? Este debe cubrir una necesidad o ahorrar tiempo o dinero. Crea un contenido que demuestre que conoces su necesidad y explícale cómo tus productos pueden resolver cualquier situación que tenga.

3. **Demuéstrate como autoridad:** Demuestra de una manera empática que tú eres su guía, una persona que lo ayudará en el camino. Aquel que les proveerá soluciones a sus problemas. ¿Cómo demostrar tu autoridad? La mejor manera, sin que parezcas egocentrista, es presentando testimonios. Publica los resultados o reseñas de tus clientes, que estos hablen por ti. Demuestra estadísticas de los resultados que han tenido tus consumidores.

4. **Ofrece un plan:** Las personas confían en aquellos que tienen estructura y profesionalismo. Esto les da tranquilidad. Lo ideal es que puedan comprar en tu tienda *online* y les llegue un correo electrónico con la información de su orden, y cómo pueden contactarte de surgir algún problema. Envíales correos de seguimiento, bríndales su número de rastreo lo más pronto posible. Crea un plan que los haga sentirse seguros, que adoren la experiencia para que compren nuevamente sin que necesites venderles.

5. **Llamada a la acción:** Hay momentos cuando podemos hacer llamadas a la acción directas como «compra aquí», pero hay otros en que podemos hacerlas transicionales: cuando ofreces una muestra, contenido informativo o un cupón de descuento que te ayudará a ganar la confianza de tu consumidor. No olvides brindar esto a cambio de su correo electrónico para dar seguimiento. Independientemente del tipo de llamada a la acción que utilices, comunica claramente el paso que deseas que dé. Nunca supongas que sabe lo que tiene que hacer.

6. **Demuestra qué les puede ocurrir si no adquieren tus productos o servicios y que, por lo tanto, todo depende de su decisión.** Los consumidores piensan: *Si no tengo nada que perder, no te compro.* Tienen que sentir que deben tener tu producto para no perder o fallar en algo. Cuenta anécdotas, historias o noticias relevantes con los que se puedan identificar. Así como les dices qué pueden perder, entrégales la solución. Explícales claramente cómo tus productos los pueden ayudar y qué resultados

pueden lograr. Ejemplo, si vendes productos para bajar de peso, presenta resultados de otros clientes y cuenta la historia de una manera empática y sensible para que se sientan identificados.

Vender sin que se den cuenta es la clave. Recuerda que las personas quieren comprar, pero no que se les venda. Identifica los puntos fuertes de tu marca y producto y mantén tu enfoque en eso. Presentar los resultados y proveer información del producto provoca la venta sin tener que hacer estrategias complicadas. Demuéstrate como autoridad en el tema y atrévete a salir de la caja y ser diferente a los demás.

La promoción y exposición de tu marca en plataformas digitales es algo serio. Yo le llamo nuestro nuevo résumé u hoja de vida del negocio. Recomiendo que tu enfoque siempre sea al protagonista de tu negocio: el consumidor. Todo lo que publiques debe ser pensando en él. Provee servicio al cliente. Utiliza tus redes sociales para conocer sus intereses, qué desea tener, probar, escuchar, vestir o comer. Cuando vayas a añadir nuevos productos o estilos, crea encuestas, tus clientes son los que mejor pueden ayudarte. Utiliza las redes sociales y promociónate, pero hazlo bien.

Si deseas seguir avanzando y conocer diez maneras de tener ventas en tu tienda *online*, puedes descargar una guía que he preparado para ti, www.comienzatutienda.com/guia.

Ahora te toca a ti:
Promociona tu tienda *online*

1. ¿Cuál es el objetivo?

_____
_____
_____
_____
_____
_____
_____

2. ¿Quién es tu cliente ideal?

_____
_____
_____
_____
_____
_____
_____

3. ¿Quién es tu competencia directa o indirecta?

_____
_____
_____
_____
_____
_____
_____

4. Menciona sus fortalezas y debilidades.

_____
_____
_____
_____
_____
_____
_____

5. ¿Qué red social utilizarás?

_____
_____
_____
_____
_____
_____
_____

6. Desarrolla el plan de contenido:

a. Tipo de contenido: ¿Qué información puedes brindar sobre tu marca que incluya lo siguiente?

1. Informa

_____
_____

2. Date a conocer

_____
_____

3. Vende

_____
_____

b. ¿Cuál será el horario?

_____

_____

_____

_____

_____

c. ¿Cuáles serán los días?

_____

_____

_____

_____

_____

Paso 5:
Analiza

>> Muchos dicen que el contenido es rey, pues entonces, en todo caso, el análisis de datos es el cerebro del rey».

-Verónica Avilés

«Si haces lo mismo que siempre hiciste,
conseguirás lo mismo que siempre conseguiste».

–Tony Robbins

¡Sí! Tenemos ventas... ¿y ahora qué? ¿Qué está funcionando para multiplicar esos resultados?, ¿qué no funciona que podemos corregir, quitar o cambiar lo que estamos haciendo? Todo estudiante que pasa por manos de «Verónica Avilés» sabe que todo lo que se realiza, tanto en las redes sociales como en las plataformas donde tenemos los productos, tiene que ser analizado. **Muchos dicen que el contenido es rey, pues entonces, en todo caso, el análisis de datos es el cerebro del rey.** Si el cerebro del rey no está bien, se tomarán decisiones incorrectas y las consecuencias pudieran ser el colapso de imperios. ¿Entiendes la importancia? Analizar los datos es lo que evita que nuestro negocio *online* colapse. Las métricas que te proveen las plataformas son las que utilizamos para poder medir la efectividad de nuestra tienda *online*, publicaciones o anuncios en las redes sociales.

Muchas personas piensan que ya las redes sociales, especialmente Facebook e Instagram, no están funcionando como antes, y eso no es verdad. Aunque orgánicamente el algoritmo sigue cambiando; si los anuncios se realizan de una manera correcta, entiendes cómo estas plataformas funcionan y qué información te proveen, te darás cuenta de que siguen funcionando y hasta mejor porque cada día, realmente, cada segundo, te siguen brindando más información para que puedas analizar el comportamiento de tus anuncios, publicaciones y efectividad de tu contenido.

¿Por qué es importante analizar?

Cuando los estudiantes me escriben: «Mi producto no se vende» o «¡Estoy vendiendo!», mi respuesta es: «¿Qué te dicen los datos?». Como te había mencionado, las plataformas donde trabajamos nuestra tienda *online* están en todo momento brindándonos información. Nos dicen la cantidad de personas que visitan la tienda, qué dispositivo utilizan (celular o computadora), por cuál red social entraron para comprar, cuál es el producto más visto, entre otros. Y toda está información es importante para poder:

1. **Conocer qué sucede con nuestro negocio:** Analizamos para saber si estamos dentro del mapa que habíamos planificado. Nos preguntamos: ¿Vamos por buen camino?, ¿tenemos los números proyectados?, ¿la audiencia está conectando con nosotros?, ¿qué tipo de audiencia interactúa?, ¿los productos están gustando?, ¿qué día y hora tenemos mejor interacción?

2. **Tomar decisiones claves en el negocio:** A veces eliminamos lo que nos estaba dando resultados y, otras, repetimos lo que no funciona. Es importante

que analicemos qué está funcionando, qué debemos eliminar, qué podemos añadir y dónde debemos enfocar los esfuerzos.

3. **Optimizar para corregir resultados:** Cuando analizamos, quizás podemos ver que hay áreas a las que solo le falta un detalle para que funcionen totalmente. Quizás sabemos que el producto gusta por los comentarios en nuestras publicaciones en las redes sociales, pero cuando entran a la tienda *online*, no lo compran. Tal vez la descripción no inspira confianza y no es suficiente para provocar que el cliente compre. Si es eso, con un solo arreglo o añadir más información del producto en la descripción, cerramos más órdenes. Aquí nos debemos preguntar ¿qué está fallando?, ¿cómo lo podemos mejorar?, ¿hacemos vídeos en vez de fotos?, ¿mejoramos el servicio al cliente?

4. **Optimizar para expandir resultados:** En este caso sabemos lo que funciona. En ocasiones, nuestros resultados, aunque sean buenos, pueden estar estancados. Debes analizar: ¿Cómo puedo mejorar lo que funciona?, ¿tengo que añadir variantes de este producto?, ¿aumentar el inventario?, ¿mejorar la experiencia audiovisual de la tienda?, ¿es momento de tener un equipo que ayude con el procesamiento y manejo de órdenes o servicio al cliente?, ¿debo incorporar «e-mail marketing»?, ¿contrato un «influencer»?

¿Qué debo analizar en mi tienda *online*?

Las métricas que nos brinda la plataforma donde vendemos nuestros productos también nos dan información relevante. **Muchas veces nos enfocamos en los datos que nos dan las redes sociales y no tomamos el tiempo o no le damos importancia al análisis de lo que nos está diciendo nuestra plataforma de venta.** Estas métricas son importantes porque nos indican cómo se comportan las personas que nos visitan: qué hacen, qué escriben, cuánto les toma comprar, entre otros y, de esta manera, podemos medir la efectividad y conversión –convertir un cliente potencial a cliente o un cliente a uno recurrente– que tiene nuestra tienda *online*.

Yo soy «freak» de estudiar lo que las plataformas tienen que decirme. En este libro quiero enseñarte algunos parámetros que analizo:

1. **Cantidad de visitas:** Esto es la cantidad de personas que entraron a la tienda. Verifico qué días obtuvo mayor cantidad de visitas, para así poder ver qué tipo de contenido se publicó en mis redes sociales que provocó el aumento en tráfico. Además de analizarlo por día, puedo hacerlo por temporadas. ¿Cuáles fueron los mejores meses del año de la tienda y por qué?, ¿qué vendí durante esa temporada?, ¿cómo lo promocioné?, ¿qué oferta utilicé?, entre otros.

2. **Dispositivo utilizado:** Ya es imperativo preparar tu tienda *online* en formato móvil. Sin embargo, las plataformas de venta donde tenemos nuestros productos nos dejan saber cuáles son los dispositivos que utilizan los consumidores al momento de comprar. Nos indican si usan computadora o celular; incluso nos dicen el modelo: si es Apple o Android. De esta manera, al momento de crear anuncios pagados,

puedes enseñar tus anuncios en estos dispositivos. Por ejemplo, en mi tienda *online* ya promociono mis productos directamente para personas que compran por formato móvil. Tomé esta decisión luego de ver en la mayoría de mis anuncios, por no decir todos, que los consumidores compraban desde su celular mientras navegaban por Instagram y Facebook.

3. **Lugar desde donde nos visitan o compran:** Nos indica la información geográfica clave para dirigir nuestro contenido al lugar correcto. Si conoces desde cual país, estado o ciudad están comprando en tu tienda, entonces puedes dirigir tus anuncios a esos sitios. También, con esta información, puedes buscar más productos relacionados a esos lugares. Recuerdo cuando vendí un collar que tenía un mapa de Puerto Rico. En todo momento pensé que en Puerto Rico se iba a vender más. Comencé el plan, definí la estrategia a utilizar y cuando analizo los datos... ¡sorpresa! Se vendió mucho más en los Estados Unidos. De hecho, en Wisconsin se vendió más que en Puerto Rico. ¿Puedes creerlo?

4. **Redes sociales que utilizó para ver mi contenido y comprarme:** Esta es la información que más veo. Me llega una venta y rápido busco por dónde entró a la tienda. ¿Facebook o Instagram? Así conozco qué plataforma me está funcionando más y dónde se encuentra mi cliente ideal. De esta manera, dirijo mis esfuerzos e inversión de mercadeo a esa red.

5. **Productos más vistos:** Tu tienda tiene la capacidad para decirte cuáles son los productos que las

personas se detienen a ver más, o que están metiendo en el carrito o que al final están comprando. Eso nos da dirección para conocer hacia dónde enfocar nuestra promoción y contenido en nuestras redes sociales. Recuerdo una vez que estaba trabajando la estrategia de promoción de Navidad con un cliente que vende ropa para caballeros. Él me indicó los productos que deseaba vender. Eran unas camisas con estampados y colores alusivos a la Navidad y entendía que iban a ser *el palo*[1] *en esa temporada.* Entró la primera orden, la segunda orden y, de repente, en la tercera orden vi que vendimos una camisa que estaba en la colección Essentials, una línea de camisas de color sólido con el logo de la marca en el lado derecho superior. No le di importancia, de hecho, pensé que sucedía por casualidad. De momento, seguía ocurriendo y me dije: «Okey ¿qué está pasando?». Tan pronto vi las métricas, me di cuenta de que muchas personas entraban a la tienda a ver la línea Essentials. De hecho, tenía más vistas que muchos de los productos que se estaban promocionando. Se estaban viendo tres veces más que las camisas con estampados para la temporada navideña. ¡La diferencia era demasiado grande! Además, las camisas de color sólido eran más económicas que las que estábamos promocionando y entendí que quizás por ser Navidad, las personas las veían como un buen regalo para familiares y amigos. Escribí inmediatamente al cliente y le envié los datos acompañados con un plan. Me dijo: «Creo en ti, adelante». Creamos nuevos artes promocionales y nuevos anuncios en Facebook. Las interacciones en el anuncio se duplicaron y generaba de 10 a 15 ventas más por día comparado con el producto que teníamos

---

[1] Expresión que utilizamos en Puerto Rico para indicar que será todo un éxito.

anteriormente. Lo mejor de todo es que mi cliente sale ganando porque pudimos aumentar el valor de compra. Los clientes compraban dos y tres por orden. Definitivamente era para regalar. Las personas compraban 3 camisas de la colección Essentials y terminaban gastando $225 dólares, mientras que cuando compraban las de estampados, como costaban $162 dólares, se llevaban solo una. **Esta métrica te alerta que quizás el producto que piensas que es el potencial, no necesariamente lo es para tu consumidor.**

6. **Palabras Claves o «Keywords»:** Las palabras claves, como dice mi adorada JLo en su canción, son *dinero, dinero, dinero,* eh. Son aquellas palabras que las personas están usando para encontrar los productos. Es importante que analices cuáles palabras escriben nuestros consumidores en la búsqueda de nuestra tienda *online* para encontrar los productos que desean.

¿Cómo mi cliente habla? He tenido estudiantes que llaman sus productos con codificaciones, por ejemplo «FB01», o con nombres de familiares o personajes de novelas bonitos. La situación es que solo lo lindo no vende. Necesitamos ser claros. Si regresamos al ejemplo de los trajes de baño, y le ponemos de nombre a cada pieza «el modelo Lara o Fabiola», eso está lindo, pero cuando la cliente busca esa pieza en la web o en la tienda *online*, no la encontrará. Ella no está buscando a «Lara»; ella está buscando ese «bikini color blanco que tiene franjas rojas en la parte trasera». Y estas pudieran ser las palabras claves: «bikini», «blanco», «franjas rojas», entre otras. Lo peor de esto, es que si la cliente se siente perdida o no encuentra lo que anda buscando, se va a ir. También, hacer uso correcto de las palabras claves nos ayuda a **posicionarnos orgánicamente** en buscadores como Google. Esta es la estrategia que me ha generado ventas directamente en Google sin pagar publicidad. Además, sabrás qué modificaciones debes hacer al momento de escribir los títulos o al desarrollar las descripciones de tus productos. Lo bueno de colocar palabras claves es que logras posicionarte y generar ventas sin invertir en publicidad. **¡Las palabras claves son la clave!**

¿Qué analizo en mis redes sociales?

Así como la plataforma de la tienda *online* nos brinda información, las redes sociales no se quedan atrás. Estas nos dan información en cada vídeo, foto, transmisión en vivo e historia. A continuación, quiero enseñarte los parámetros que analizo dentro de mis redes sociales, mayormente, en Facebook e Instagram.

1. **Horarios y días:** Al finalizar la semana, acostumbro a mirar mis mejores días y horas. Cuando digo «mejor día», me refiero a aquellas publicaciones que tuvieron mayor cantidad de interacciones. Analizo qué sucedió ese día, por qué razón este fue el mejor horario y aún más, si fue un día o a una hora que no es lo normal. Por ejemplo, si yo sé que mi horario promedio con mayor interacción es a las 10:00 a. m. y veo que un día fue a las 8:00 p. m., considero qué fue lo que publiqué a esa hora que gustó tanto, de cuáles temas hablé en mis historias que provocó tanta euforia. Cuando fui a Dubai, coloqué mucho contenido de las actividades

y lugares que visité. Se duplicó la cantidad de personas que veían mis historias. Para que tengas una idea, en ese momento, mis historias eran vistas normalmente por 800 a 1,200 personas diariamente, y durante mis días de vacaciones, subió a más de 3,000 personas. Estos querían saber qué estaba haciendo, dónde comía y hasta qué ropa tenía puesta. Estaba impresionada, porque Dubai y Puerto Rico tienen una diferencia de ocho horas. Esto quiere decir que mientras yo publicaba, en Puerto Rico estaban durmiendo. Al considerar este nuevo comportamiento, lo vi como una oportunidad para darme a conocer, mejorar mi posicionamiento y vender. Para ese momento, tenía un evento presencial de Shopify + Facebook, que iba a ofrecer al mes siguiente de regresar de Dubai. Me encargué de mostrar las actividades que realizaba en Dubai y luego de tres o cuatro «stories» presentaba una imagen o un vídeo para recordarles la fecha y los temas del evento. Durante esos siete días, se vendieron más de 65 boletos. Imagínate, cada boleto costaba $127.00 dólares, esto quiere decir que se generaron, aproximadamente $8,255.00 dólares mientras estaba de vacaciones. Disfruté, pasé tiempo con mi esposo y generé dinero. ¿Cuánto tiempo me tomó poner el arte del evento en las historias? ¡Segundos! Consejo: Si tienes una tienda *online* de ropa de mujer y te fuiste a vacacionar y sabes que toda la ropa que te llevaste es de tu inventario, aprovecha y véndela. Utiliza todo el contenido que de todas maneras vas a publicar, para hablar de tus productos, enseñar tus vestidos y claro, diles que los vendes y dónde pueden conseguirlos. Estudia tus datos en todo momento y si ves una oportunidad para obtener mayor alcance y promocionar tus productos, ¡hazlo! No te toma tiempo, sigues disfrutando mientras generas dinero.

2. **Publicaciones más vistas:** Esta información me deja saber el interés de mi comunidad y cuál es el tipo de publicación que prefiere ver para comprar. ¿Le gusta los vídeos educativos?, ¿un carrusel de fotos?, ¿tutoriales, vídeos tras bastidores, fotos de día o de noche? Por ejemplo, tuve una estudiante que estaba a punto de quitarse. Estaba frustrada con su tienda *online*. Me decía: «Vero, no tengo ventas. Estoy liquidando el inventario que me queda». Cuando analicé su página de Instagram (plataforma que usa para mercadearse), le dije: «¿Por qué no te atreves a hacer algo diferente? ¿Qué tal si comienzas a hacer más historias? Quiero que te veas tú». De inmediato me contestó: «Ay, Vero, no me atrevo. No me gusta salir en mis redes sociales». «Bueno, pues no me digas que el negocio no funciona, si no has intentado todo». A la semana la vi, haciendo historias en Instagram con timidez. No solo liquidó la mercancía que estuvo en cajas por meses, sino que compró nueva. ¡Continuó con su tienda *online*! En los próximos días la vi enseñando los empaques y hasta el día de hoy, la veo haciendo historias todos los días para presentar los nuevos modelos, según le van llegando. Su audiencia prefiere verla a ella. Quizás se siente en confianza cuando ella se pone su propia ropa o cuando explica cómo entalla cada pieza que vende. Ya ella aprendió que el contenido que le genera mayor cantidad de ventas son las historias y transmisiones en vivo.

Según mis análisis de mis redes sociales, las personas están más receptivas a la información que les brindo cuando salgo en la foto. Recuerdo una ocasión que publiqué una captura de pantalla acerca de la actualización de una de las plataformas sobre las que educo y no recibí la interacción esperada. Al otro día, subí una foto mía y escribí lo mismo que el día anterior y las personas hasta comentaron: «No sabía eso, ¡qué interesante!». ¡La información de ambas publicaciones era exactamente la misma! Es por eso que acostumbro a posar al lado de mi pizarra donde anoto la idea central de lo que quiero enseñar o grabo vídeos con consejos para tener resultados en una tienda *online*.

Analiza: ¿Qué es lo que le gusta a tu audiencia? ¿Qué provoca más interacción?

3. **Audiencia**: Me gusta mirar qué edades tiene mi audiencia, el género y cuáles son los países que más interactúan con mis publicaciones. Esto ayuda a conocer qué tipo de publicación o lenguaje se debe utilizar en las redes sociales. Tuve un estudiante que vendía productos fotográficos. Llevaba meses preparando contenido en el que presentaba fotos de los productos y una que otra foto de un lindo paisaje. Sin embargo, luego de un cambio de algoritmo que hizo Facebook e Instagram sintió que su posicionamiento orgánico se vino abajo. Aún recuerdo aquel cambio drástico que hizo Facebook cuando tu contenido solo iba a ser visto por un 2% a 3% de tu audiencia. Sorprendió a algunos. A otros, como fue mi caso, nos tuvo reestructurando todo el plan de contenido. Cuando el estudiante

me comunicó su preocupación durante una mentoría, lo primero que hice fue... ¿ya saben verdad?: estudiar sus datos. Mientras comparaba los datos de audiencia y su contenido, me daba cuenta de que no eran compatibles. «Estoy viendo que tu audiencia viene de Europa: Francia, Reino Unido, Grecia e Italia». Él me respondió que cuando comenzó esa página de negocios en Facebook (en ese momento no tenía tienda *online*), intentó promocionarse alrededor del mundo. Mi consejo fue que cambiara totalmente su plan de contenido. Le dije: «No publiques más fotos de bosques y paisajes que nadie sabe de dónde son. Publica fotos espectaculares de los países donde tienes más audiencia». En solo dos semanas, me envió capturas de pantalla de sus interacciones orgánicas. Fotos como la Torre de Eiffel o el London Eye tenían más de 230 compartidos y un sinnúmero de comentarios. Cuando vi esos resultados le comenté: «Los números no fallan; ahí está tu audiencia. Ahora busca cuáles son los intereses de ellos, qué lugares visitan y qué consumen para que hagas contenido directamente para ellos». De ahí, la próxima etapa era crear un balance entre contenido informativo y contenido de venta directa.

¿Qué analizo en mis anuncios pagados?

Al momento de hacer anuncios en redes sociales, se genera información adicional que nos permite optimizar y expandir nuestras ventas *online*. Te quiero presentar algunos de los parámetros que analizo para saber si mis anuncios están funcionando o no. Quizás has visto estos acrónimos y no tienes idea a qué se refieren. En este libro intentaré explicarte los parámetros de la forma más simple. En mi Programa eCommerce

Avanzado, explicamos al detalle cuáles son los estándares correctos de estos parámetros y cómo utilizarlos según tu objetivo. Debes entender que el estudio de datos dependerá también del objetivo del anuncio. Si lo que deseas son ventas, que es lo que queremos todos, entonces analiza lo siguiente:

1. **CPM (costo por mil impresiones):** Facebook define «impresión» como la cantidad de vistas que ha tenido tu anuncio en la pantalla de tu público objetivo. En el caso del CPM, este es un costo para darte proyección. Facebook te deja saber cuánto te costará que tu anuncio sea visto mil veces. De esta manera, podrás saber si tu anuncio va por buen camino o no.

2. **CPC (costo por clic):** Este es el costo por cada persona que presiona clic en tus anuncios. El CPC te deja saber si tu anuncio está saludable o no, o sea, si le está gustando a las personas. **Una de las cosas que hace Facebook para indicar que el producto o anuncio no sirve es ponerte el clic más costoso,** esto es para penalizarte por enseñar un contenido que no les agrada a las personas.

3. **CTR («click through rate» o porcentaje de clics en el enlace):** Este es el porcentaje de las personas que ven nuestros anuncios versus los que interactúan con ellos (le dan «me gusta», comentan o comparten). Tener un CTR bajo significa que equis cantidad de personas ven tu anuncio, pero son muy pocas las que están interactuando con él; lo cual es indicativo de que hay algo en tu anuncio que no está gustando. Comparo un CTR bajo con la fiebre.

La fiebre es una reacción en nuestro organismo que nos deja saber que puede haber una infección o virus en nuestro cuerpo y que algo no anda bien. Cuando mis CTRs no están bien, analizo ¿qué hay que arreglar en el anuncio?, ¿qué hay que cambiar?, ¿los intereses en el área de segmentación, el vídeo, la foto, la descripción de la publicación?

4. **Alcance («Reach»):** Según Facebook, el alcance mide cuántas personas estuvieron expuestas a tu mensaje durante una campaña publicitaria. Lo utilizo para mirar si mi anuncio está listo para ser analizado. El problema de muchas personas cuando realizan anuncios es que los apagan muy rápido, sin darle tiempo a la plataforma de promoción que alcance al menos mil personas.

5. **Frecuencia:** Indica un número promedio de las veces que las personas ven el anuncio. Además, si ya el anuncio está fatigado o no. Lo que quiere decir es que ya las personas están cansadas de ver el anuncio una y otra vez. Esta información me deja saber si ya es momento de enseñarle otra cosa al consumidor, aunque mantengas el texto publicitario.

6. **ROAs («return on ad spend» - retorno de la inversión en publicidad):** Es el retorno de lo invertido en tus anuncios. Este es el número que me deja saber que puedo continuar invirtiendo en el anuncio porque estoy recuperando la inversión seis, diez o hasta 30 veces. Este factor es importante porque, si al estudiar mis datos, hay otros parámetros que no están como me gustaría, pero veo que aún así

sigo ganando más de lo que invierto, le doy oportunidad al conjunto de anuncios a que optimice.

7. **Conjunto de anuncios o «Adset» ganador:** Recomiendo hacer muchas pruebas. En el comercio electrónico, hacer pruebas es clave. Según Facebook, un conjunto de anuncios es donde definirás tu audiencia, presupuesto y sus ubicaciones. No hay manera de decirte que, para tu negocio, debes usar unos intereses y ubicaciones determinadas porque todo negocio es diferente. Sí, hay técnicas y herramientas para conocer cuáles son los posibles intereses y características del cliente, y esto lo discutimos en el Programa eCommerce Avanzado, pero aún dentro del mismo negocio, los resultados pueden variar por producto. En ocasiones, conocemos nuestros intereses o características potenciales y, de repente, lo que por muchos meses nos estuvo funcionando se vuelve obsoleto. Por eso es que **hacer pruebas es clave.**

Cuando analizo mis datos, verifico cuáles son los intereses que funcionaron, país de mayor impacto, edad, género, entre otros. Esto me ayuda a apagar lo que no está funcionando y aumentar el presupuesto a los que sí. Invertir dinero directamente en el anuncio que está cumpliendo es nuestro objetivo. Una vez identificado, comenzamos a duplicar, escalar y utilizar otras estrategias más avanzadas.

En una ocasión, hicimos una campaña de sombreros para caballeros. Como eran unos sombreros de más $95.00 dólares, quisimos conseguir una audiencia que pudiera tener ese presupuesto. Luego de hacer el análisis de la marca y utilizar nuestras herramientas, los intereses principales eran: LaCoste, Hugo Boss, Adidas, «men clothing» y muchas otras más. Luego de que los datos nos dejaron saber que los anuncios estaban listos para ser analizados, descubrimos que los intereses ganadores fueron Adidas y Hugo Boss. Así es que decidimos, no solo apagar los que no estaban funcionando y aumentarle un 20% al presupuesto en los que sí, sino que nos adentramos a esos conjuntos de anuncios ganadores para encontrar datos más específicos y continuar optimizando para expandir nuestros resultados.

8. **Anuncio ganador:** Dentro del conjunto de anuncios puedo analizar qué tipo de anuncio fue el que más funcionó para seguir creando anuncios como ese. El anuncio es lo que ve nuestro cliente ideal o cliente. A veces utilizo los mismos intereses, pero hago distintos anuncios de mis productos para conocer cuál gusta más. Puedo colocar un vídeo de diapositivas («slideshow video») con fotos de los productos y música de fondo o crear un anuncio carrusel con fotos de productos. En el ejemplo de los sombreros de caballeros, en nuestros datos descubrimos que nuestra comunidad prefirió el anuncio donde aparecía un vídeo con música de fondo, que mostraba todos los sombreros y su variedad de colores, versus otro anuncio que teníamos de una foto donde salía un «influencer» reconocido en Puerto Rico modelando uno de los sombreros. ¡Nos sorprendieron los resultados! En todo momento pensamos que esa foto del «influencer» iba a impresionar más, pero, claramente, a esta audiencia no le interesa el «influencer», quiere ver directamente los productos y comprar. Lo analizamos,

lo entendimos y seguimos dando a nuestra audiencia lo que ellos desean ver. ¿Esto siempre sucede? No. **Cada negocio es diferente. Tienes que hacer tus propias pruebas e identificar tu anuncio ganador.**

9. **Comportamiento del comprador:** Estas son las acciones que hacen tus consumidores o clientes en tu tienda. Algunos de estos comportamientos son comprar («purchase»); agregar al carrito («add to cart»); ver contenido de la tienda *online* («view content»), entre otros. Esta información te deja saber que el anuncio está provocando que las personas entren a la tienda *online* y hagan una acción dentro de ellas. De hecho, también mirando este comportamiento, puedes ver la efectividad de tu tienda *online*. Si hay muchas personas entrando a mirar el contenido, pero no están comprando, levanta bandera de que algo está sucediendo. Próximamente te explicaré qué puedes hacer en este caso.

10. **Costo por venta («cost per purchase»):** Esto es lo que te cobra Facebook por obtener una venta en tu tienda *online*. Si este valor es más alto que tu ganancia, estás perdiendo dinero. Lo que quiere decir que, aunque el anuncio está generando ventas, estás invirtiendo más en promoción que la ganancia del producto. Si tu costo por venta del producto es menor que tu ganancia, estás ganando dinero y verdaderamente estás teniendo un anuncio saludable.

Digamos que consigues un producto en Colombia a $5.00 dólares y lo vendes a $22.00 dólares.

Entre costos de envíos u otros gastos, tienes una ganancia neta de $15.00 dólares por producto. Si al estudiar los datos de tus anuncios, ves que tu costo por venta es de $4.50 dólares. ¿Estás perdiendo o ganando dinero? ¡Correcto! Ganando dinero. De hecho, tu ganancia, aún con la inversión de anuncios ha sido de $10.50 dólares. Así es que vale la pena. Ahora, vamos a suponer que no te mantuviste estudiando los datos, nunca optimizaste tus anuncios y, de repente, tu costo por venta se disparó a $17.00 dólares. ¿Estás perdiendo o ganando dinero? Cuando sacas la cuenta, el resultado es -$2 dólares. Claramente, estás perdiendo dinero.

Estos y otros parámetros son los que analizo al momento de estudiar los datos. Me encanta saber cómo se comportan y cómo varían según las temporadas o situaciones que ocurren en el mundo. Estos parámetros funcionan en conjunto. Por ejemplo, pueden tener una frecuencia alta, lo que es indicativo de que el anuncio está muy saturado y que las personas lo han visto en múltiples ocasiones; pero si este sigue generando ventas u otros comportamientos significativos del comprador, ¡qué siga cansando a la gente! Si está dejando ventas, estás teniendo ganancias, eso es lo más importante. Así es que es clave que analices estos parámetros con atención y confluencia.

¿Cómo saber en qué estás fallando? Aquí mis recomendaciones.

1. **Si el anuncio te está indicando que hay clics, pero no hay ventas** (esto dependerá del presupuesto que coloques en tus anuncios), probablemente

es que la tienda no inspira confianza. El posible cliente vio el anuncio, el producto le llamó la atención, pero cuando entró a la tienda hubo algo que lo hizo dudar. Deberías mejorar las fotos del producto o la descripción.

2. **Hay mucho alcance en los anuncios, pero no clics.** Esto indica que muchas personas están viendo el anuncio, pero no interactúan. Lo que quiere decir que debe haber problemas en el producto (no gusta el producto) o el anuncio está dirigido a la audiencia incorrecta. Si sabes que estás dirigiendo tu anuncio a la audiencia ganadora, definitivamente debes cambiar el producto. Si sabes que el producto se vende bien por otros medios, o sea, que sabes que el producto no es el problema, probablemente son los intereses escogidos. Debes regresar al plan de mercadeo e identificar nuevos intereses para hacer nuevas pruebas.

3. **Si comienzas a recibir muchos comentarios de los «haters»,** tales como: «Este producto está muy caro, no me gusta», «¡Qué feo!» o «Estos productos los he visto más económicos en Aliexpress» es casi seguro que estás promocionando tus productos al público incorrecto. Como te mencioné en el Paso 2, debes identificar nuevos intereses de tu cliente ideal y realizar nuevas pruebas.

4. **Si el CTR está muy bajo:** El anuncio no sirve. Hay algo que no está provocando interacción con las personas. Puede ser el texto descriptivo de la publicación (el «copy»), las fotos o el producto. Debes apagar el anuncio inmediatamente y analizar otros

parámetros para poder definir si el problema es, en definitiva, las fotos o el producto.

5. **Muchas visitas a tu tienda *online*, pero no hay ventas:** En este caso, puedo concluir que el producto o el anuncio (foto o vídeo) que estás utilizando está llamando la atención. ¡Están entrando a tu tienda! Sin embargo, cuando llegan a la misma algo está sucediendo: o la tienda no inspira confianza o la audiencia no es la correcta y encuentran el producto costoso para su presupuesto. Otra posibilidad que muchísimas veces sucede: las personas entraron directamente al inicio de la tienda y se perdieron. Ven tantos productos que no saben dónde buscar, mucho más cuando entran desde su celular. Entraron, vieron todo complejo y se fueron. Como ya mencioné, para este último punto es importante, primero, que tu tienda *online* se vea y funcione bien en formato móvil (**«mobile responsive»**). Segundo: **siempre lleva a tu cliente ideal directamente al producto o colección que está en promoción.** No queremos que esté perdido, queremos que entre y compre sin problemas.

Existen muchas otras posibles situaciones que pueden ocurrir en tu negocio *online*, tan diversas que pudiera dedicarles todo un capítulo. Lo más importante es que te mantengas en control de tu negocio. Si no tienes los resultados esperados, algo está sucediendo. La mejor parte es que los datos están disponibles en todo momento para indicarte cuál es el problema. Cuando conozcas su lenguaje, te darás cuenta de que también siempre hay una solución. Míralo de esta manera: analizar los datos de tu negocio es el timón del barco. Te deja saber si vamos en dirección a puerto seguro. El no conocer tus números es como estar a la deriva.

Ahora te toca a ti:
Analiza tus datos

A. Es momento de analizar tu tienda *online* y la efectividad de tus redes sociales. Para esto contesta lo siguiente:

1. ¿Voy por buen camino?

_____
_____
_____
_____
_____
_____

2. ¿Tengo los números proyectados?

_____
_____
_____
_____
_____
_____

3. ¿La audiencia está conectando con la tienda y mi mensaje?

_____
_____
_____
_____
_____
_____

4. ¿Qué tipo de audiencia interactúa?

_____
_____
_____
_____
_____
_____

5. ¿Los productos están gustando?

_____
_____
_____
_____
_____
_____

6. ¿A qué día y hora hay mejor interacción?

_____
_____
_____
_____
_____
_____

7. ¿Qué está funcionando?

_____
_____
_____
_____
_____
_____

8. ¿Qué debo eliminar?

_____
_____
_____
_____
_____
_____

9. ¿Qué puedo añadir?

_____
_____
_____
_____
_____
_____

10. ¿Cómo puedo mejorar lo que funciona?

_____
_____
_____
_____
_____
_____

B. Añade los parámetros que te he recomendado y haz tu plantilla personalizada en la plataforma de creación de anuncios en Facebook.

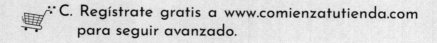 **C.** Regístrate gratis a www.comienzatutienda.com para seguir avanzado.

Paso 6:
Optimiza

Muchas marcas se enfocan en conseguir clientes nuevos, pero mi metodología explica que es más fácil venderle al que ya te ha comprado».

–Verónica Avilés

«No se trata de si vas a cometer errores,
es lo que vas a hacer al respecto cuando sucedan».

—Gary Vaynerchuk

Luego de analizar, notamos que algo no anda como esperamos. Los datos nos dicen que hay mucho por corregir, pero ¿qué decisiones tomar?, ¿qué estrategias podemos utilizar para corregir, mejorar o expandir nuestros resultados?

A diario recibo mensajes de personas que saben que algo está sucediendo con su negocio, pero no saben cómo resolverlo. No te sientas mal si este es tu caso. Esta es una de las etapas más difíciles porque analizamos, vemos que algo no anda bien, que necesita mejoras, pero no sabemos ni por dónde comenzar o nos aterramos de que ese nuevo plan sea peor que lo que nos está ocurriendo. ¡Pudiera ser desesperante! Pero no tiene que serlo si estableces lo que llamo: el plan de contingencia para tu tienda *online*.

Crea tu Plan de Contingencia

Mi plan de contingencia consiste en hacer una lista de todas las posibles situaciones, buenas o no tan buenas, que pueden sucederle a mi tienda y cómo mejorarlas. Las situaciones van a depender de tu modelo de negocio, por ejemplo, si fuera «drop shipping», estas podrían ser:

1. El producto no gusta.
2. El anuncio no funciona.
3. El interés no es el correcto.
4. El porcentaje de productos abandonados en carritos está muy elevado.
5. Muchos entran a la tienda, pero no compran.
6. Quiero aumentar mis ventas sin tener que conseguir clientes nuevos todo el tiempo.
7. Necesito aumentar el valor de compra.
8. Siento mis resultados estancados y ahora deseo expandirlos.

Y así sucesivamente. Cada negocio *online* es diferente. Quizás para ti hay muchas otras situaciones: como control de inventario, tener todos los materiales para crear el producto, empaque, empleados, entre otros. Sea cuales sean las tuyas es importante que hagas la lista para encontrar posibles planes (o soluciones) ante cada una. Te detallaré el plan que uso tanto para mi tienda como las de mis clientes y estudiantes, para que puedas usarlo en tu negocio *online* o modificarlo de acuerdo con tus situaciones.

Soluciones ante posibles problemas

1. **El producto no gusta:** Esto a veces ocurre si escogemos un nuevo producto alejado de la categoría o estilo de los productos que se venden en nuestra tienda. La solución para esto es eliminar el producto y seguir buscando productos relacionados a los que sabemos que se venden bien. Si tenemos fe en el producto, ya sea porque en nuestro estudio

de mercado sabemos que hay marcas que lo están vendiendo bien, entonces debemos establecer un nuevo plan de contenido, quizás más educativo, con el que podamos explicar sus beneficios y características.

Esto le pasó a una estudiante que trajo una línea de productos coreanos para el cuidado del rostro y la piel. Vende mascarillas, humectantes, sueros y accesorios. Al comienzo, su contenido no tenía interacciones; hacía anuncios de venta directa y nada. En un momento pensó que su problema era el producto. Cuando tuvo la primera asesoría, le dije: «Pienso que debes darle una oportunidad al producto. Es nuevo en el mercado de mujeres en Puerto Rico y ellas necesitan saber cuál es la diferencia de estos productos versus los que se pueden conseguir en una farmacia». Ella llevaba años estudiando productos coreanos. Sabía claramente cada uno de los beneficios y sus métodos de aplicación. Recuerdo que me los explicaba con mucha emoción, pero eso no se reflejaba en su contenido y mucho menos en sus anuncios. Le dije: «Necesito que me proyectes este conocimiento en las redes sociales. Quiero ver vídeos educativos y tutoriales que enseñen paso a paso la aplicación y uso de tus productos. La clave está en que eduques a las mujeres y les demuestres que tus productos son tan buenos como dices». Y así lo hizo. Ella era muy tímida para salir en los vídeos, así que contrató otras chicas que hicieran los vídeos por ella. De hecho, incorporamos esos vídeos que utilizaba en sus redes sociales, en la descripción de sus productos en la tienda *online* para darle ese toque creativo y diferente. Así las personas, antes de colocar los productos en el carrito, podían recordar los beneficios y aprender la manera correcta en que se aplican. Luego de dos años, aún la tienda de productos coreanos sigue activa y vendiendo «a todo lo que da», como decimos en Puerto Rico. Al punto que quiero llegar es que cambiar el producto no siempre es la mejor decisión. Puedes cambiar la estrategia de contenido. Si aún así, no ves resultados, cambia el producto sin apegos.

Uno de mis mentores me enseñó que en los negocios uno no se puede apegar a las situaciones, si hay que cambiar cosas para evolucionar, se cambian y esto lo aplico en mis tiendas *online*, «no hard feelings». Comenzamos la búsqueda de nuevos productos, los añadimos a la tienda y seguimos. Si compraste al por mayor, puedes hacer como le sucedió a una estudiante que intentó vender productos para bebés. Buscó tiendas locales y les vendió su mercancía. Ya estas tiendas locales tienen un tráfico directo, con unos intereses particulares. Salió de la mercancía y se dirigió a otro producto. Algunas chicas que compran ropa ponen en oferta la que lleva mucho tiempo en inventario u ofrecen obsequios o «giveaways». Si eres «drop shipper», simplemente elimina (borra) de la tienda lo que no gusta, haz un nuevo análisis y añade nuevos productos.

2. **El anuncio no funciona:** Si los datos te dicen que este es el caso, puedes analizar las distintas alternativas que tienes para llevar tu mensaje. Particularmente, me gusta utilizar la herramienta **Creative Hub** de Facebook porque indica cómo las marcas reconocidas relacionadas a mis productos se están promocionando. Esta herramienta provee información sobre los tipos de anuncios que se hacen en diferentes formatos: historias, vídeos e imágenes

(ya sea en formato «feed» de Instagram o «feed» de Facebook). Aparte de mirar el anuncio como tal, miro mucho el «copy» o texto publicitario.

También podemos analizar otras páginas de negocios, aunque no vendan los mismos productos que nosotros, para ver cómo persuaden a su público y cuáles son las palabras claves que están utilizando. Además, se puede hacer una búsqueda en Google para conocer cuáles son las palabras más utilizadas y puedan encontrar fácilmente el producto que estamos vendiendo. Recuerda, escribe con el mismo lenguaje que usan tus clientes potenciales.

3. **El interés no es el correcto:** Cuando esto sucede, realizo una prueba dividida conocida como «split test» para conocer cuál de todos los intereses que deseo probar es el que me dará los resultados que busco. Según Facebook, es una estrategia de «marketing» (también conocida como prueba A / B) en la que dos elementos de una campaña de marketing se prueban entre sí para analizar cuál ofrecerá los mejores resultados.

Algunos ejemplos de las pruebas divididas más comunes:
   A. Imágenes o vídeo
   B. «Copywriting»: ¿Contarás una historia o harás un escrito de venta directa?
   C. Llamado a la acción: ¿«Compra Ahora» u «Ordena Aquí»?
   D. Segmentación por audiencia e Intereses: ¿hombre o mujer?, ¿Estados Unidos o España?, ¿LaCoste o Hugo Boss?

4. **El porcentaje de productos abandonados en carritos está muy elevado:** El consumidor no completó su orden y, por alguna razón, dejó sus productos abandonados en el carrito. Esta situación provoca la pérdida de mucho dinero si no tenemos un plan de acción. Te recomiendo enormemente agregar una estrategia de **«e-mail marketing»**, a través de la cual la información de cada persona que abandone su carrito pasará a una lista en particular para recordarle, mediante correos electrónicos automáticos, que tiene una orden pendiente. Puedes configurar el envío a las cuatro, 24 y 72 horas luego de abandonar el carrito. Si estableces esta estrategia, verás cómo comienzas a recuperar esas órdenes que pudieron ser ventas perdidas. Recuerda, no siempre abandonan el carrito porque no quisieron comprar, quizás fue porque se les fue la internet, les entró una llamada, tuvieron un imprevisto. Es el momento de recordarles que dejaron un producto que les gustó (por eso está en el carrito) y necesitan completar la transacción para que les llegue a la puerta de su hogar.

5. **Muchos entran a la tienda *online*, pero no compran:** El problema es tu página de venta, ¡y hay que arreglarla! Para esto, ya sabes que tienes que incorporar más fotos o hacer un vídeo explicativo de tus productos para que tu consumidor pueda tener una idea clara de su funcionamiento, características o el uso del mismo.

Las personas quieren información detallada en la descripción, que les permita tomar una decisión de compra. Tengo estudiantes que venden ropa y no colocan la tabla de tamaños. Por esto nada más, puedes perder clientes. Las personas quieren ver cómo entalla la ropa según las medidas, ya que todos los cuerpos son diferentes. Añade testimonios y reseñas, para que puedan ver qué opinan otros consumidores de tus productos.

Otra alternativa es hacer **remercadeo**. Este consiste en crear anuncios dependiendo del comportamiento del consumidor. ¿No te ha pasado que entras a una tienda *online* y, luego, al entrar a Facebook, te das cuenta de que te siguen apareciendo anuncios de los productos que estuviste viendo? Algunos piensan «Facebook me está escuchando». No es que esté escuchando, es que el dueño de la tienda *online* tiene manera de rastrear el comportamiento del consumidor y ahora puede enseñarle lo que él quiera. Si solo vio los productos en la tienda, probablemente le enseñará esos mismos productos en sus redes sociales. Si añadió la información de pago en la tienda, le enseñará en las redes sociales, un anuncio para proveerle información adicional del producto que estuvo a punto de comprar y así sucesivamente. Estos anuncios se hacen con premeditación de acuerdo con el comportamiento del cliente.

6. **Quieres aumentar tus ventas sin tener que conseguir clientes nuevos todo el tiempo:** Te recomiendo una estrategia de «e-mail marketing» y remercadeo. Muchas marcas se enfocan en conseguir clientes nuevos, pero mi metodología explica que es más fácil venderle al que ya te ha comprado. Según el libro clásico de mercadeo, *Guerrilla Marketing*, sale seis veces más costoso venderle a una persona nueva. ¡Ya sabemos que a nuestros clientes les gustan nuestros productos y confían en nosotros! Ahora con intención, creamos anuncios de

manera tal que ellos sepan que reconocemos que son clientes de nuestra tienda *online* y le enseñamos productos relacionados a los que nos ha comprado. Por ejemplo, puedo mostrarle ahora los pendientes de la misma colección del collar que compró hace unos días. Ya conoces sus gustos, así es que también puedes enviarle correos electrónicos con productos que tú sabes que le interesan y desearía comprar.

7. **Necesitas aumentar el valor promedio de la orden:** Para esto, debes hacer estrategias de «upselling» y «cross-selling» con la instalación de aplicaciones externas a tu tienda *online*. El «upselling» es aumentar o agrandar el producto que el cliente está por comprar. Mientras que el «cross-selling» consiste en crear una oferta irresistible o una especie de «bundle» o paquetes para que cuando tu cliente esté añadiendo productos en su carrito, desee agregar otros más. Un ejemplo de aumentar el valor promedio de la orden es el siguiente: Si vendes carteras a $35.00, y cuando el cliente la añade en el carrito, le dices que puede comprar una segunda cartera a $22.00 y este acepta, tu venta final fue de $57.00 dólares. Si tu producto te sale a ti en $12.00, en vez de haber tenido una ganancia de $23.00 dólares, ahora será $33.00 dólares solamente en una orden.

8. **Sientes que tus resultados están estancados y deseas expandirlos:** No es que estamos mal, si no que deseamos un aumento de resultados. Para esto debes identificar los conjuntos de anuncios ganadores y comenzar a optimizarlos.

En esta fase, queremos duplicar y escalar nuestros anuncios para tratar de ocupar el mayor espacio posible de los intereses seleccionados en un área en particular y así expandir nuestros resultados. Mayormente, estos trabajan en conjunto. A continuación, los explico:

a. **Escala de anuncios:** Escalamos cuando deseamos subir el presupuesto del conjunto de anuncios ganador. Recomiendo subir un 20% de presupuesto e ir aumentando poco a poco. A medida que sigas escalando, las ventas seguirán aumentando.

b. **Duplicado de anuncios:** Duplicamos cuando hacemos modificaciones a base de los datos que estudiamos: limitar la edad, centrarnos en los países de más interacción, género, ubicaciones, entre otros. Cada vez que quieras hacer un cambio a un anuncio que está corriendo, debes hacer un duplicado con las correcciones. Nunca se edita el anuncio original, o sea, el que está corriendo. El duplicado nos ayuda a no tener que hacer un anuncio desde cero y mantener el «social proof» o prueba social para inspirar confianza en la nueva audiencia basado en la acogida que tuvieron nuestros pasados anuncios. Si vas a crear cambios significativos, duplica y edita.

Mientras más datos obtiene tu píxel, más fácil se le hace a Facebook conseguir tus clientes potenciales. Si conoces cuánto «convierten» tus anuncios según lo que inviertes, el resto es un juego de números. Ya sabes cuánto tienes que invertir para generar cierta cantidad de ventas.

Piensa con el final en mente. ¿Cuánto quieres vender? Escala poco a poco, invierte y analiza los datos constantemente. Optimizar tu negocio *online* puede ayudarte a tener los mismos o mejores resultados sin complicarlo demasiado. ¡Ya verás!

Ahora te toca a ti:
Crea tu plan de contingencia

A. Menciona todas las posibles situaciones que pueden ocurrir en tu tienda *online* y crea tu plan de acción para cada una de ellas.

_____
_____
_____
_____
_____
_____
_____
_____
_____
_____
_____
_____
_____
_____
_____
_____
_____
_____
_____
_____
_____
_____
_____
_____
_____
_____
_____
_____

Paso 7:
Expande

No es llegar al éxito,
es tenerlo
como tu compañero de vida».

-Verónica Avilés

«El cielo nunca será el límite para todos aquellos
que buscan alcanzar las estrellas».

-Xavier Cornejo

Yes! Ahora es que esto se pone más interesante porque
en esta etapa es cuando «explotamos la tienda *online*».
Este es el término que utilizo cuando ya podemos lograr
las cinco cifras o más al mes en nuestro negocio *online*. Si
nunca has ganado tanto dinero, puede que te intimide
un poco, pero tenemos casos de éxito que ganan eso y
mucho más con ideas de negocios muy simples, pero bien
implementadas con el sistema que recomiendo. A medida
que sigas avanzando conmigo, te darás cuenta de que
el comercio electrónico son números; y ya cuando sepas
cómo y cuánto convierte tu tienda *online* y tus anuncios,
subir los números serán más rápido de lo que te imaginas.
La conversión es a base del objetivo: ventas, subscriptores,
leads, visitas, entre otros.

A continuación, te presento estrategias para que puedas
expandir tu negocio *online* y ganar mucho más, mucho
más rápido.

1. Contrata un «influencer»

El «influencer marketing» es el mercadeo en el cual personas que poseen una influencia en las decisiones de los consumidores, pueden promocionar, recomendar y «vender» tus productos. Los «influencers» son personas que (1) se presentan como autoridad en alguna categoría y (2) son seguidas por su estilo, conocimiento o fama. Puedes notar que no menciono aquellas personas que tienen muchos «likes» o seguidores. He visto figuras públicas, por ejemplo, que pueden tener muchos seguidores, pero la interacción de sus publicaciones es baja o no está alineada al propósito u objetivo del negocio. Generalmente, los «influencers» son artistas, blogueros, presentadores de televisión, deportistas, actores y educadores, entre otros.

El «influencer marketing» es una estrategia que utilizan muchos de mis estudiantes, especialmente quienes tienen tiendas de ropa, porque es una manera costo efectiva de tener ventas sin realizar anuncios pagados. Es usual que, en una segunda etapa, publiquen anuncios pagados con fotos de esas personalidades usando sus productos o las incorporen como reseña en las descripciones de estos en sus tiendas *online*, para brindar confianza al consumidor potencial o cliente recurrente. Te presento cuatro pasos para que estos «influencers» promocionen tus productos, mercadeen tu marca y que tus ventas se disparen.

A. Crea tu lista de «influencers» que tengan una audiencia parecida a tu cliente ideal. Investiga quiénes le comentan a este «influencer», qué es lo que le comentan (porque puedes llevarte la sorpresa de que sus comentarios sean más de «haters» que de personas que verdaderamente lo admiran).

Identifica qué edad o intereses tiene su audiencia. Considera si ese «influencer» **tiene el «standing» o reputación para representar tu marca o una proyección similar** a la misma, esto es, si tiene la presencia, el estilo y hasta la manera de expresarse para poder promocionar tu producto. Es tu negocio, tu marca; no invertirás tu tiempo en contactar una persona que luego, en vez de ayudar, afecte lo que tanto te ha costado. Una presentadora de televisión reconocida en Puerto Rico comenzó a promocionar a Mc Donald's. Estaba haciendo publicaciones acerca de unos filetitos de pollo que estaban lanzando. Tan pronto comenzó, la bombardearon de comentarios negativos. «Tú vives en un "gym"», «Tú no comes eso»; entre muchos otros comentarios. La pobre «influencer» no le quedó otra alternativa que seguir haciendo los anuncios, porque para eso le estaban pagando. También está la otra cara de la moneda, donde ella como «influencer» tiene que reconocer si esa marca que la ha contactado la identifica o no; pero eso es otro cuento. En fin, creo que para Mc Donald's no fue muy efectivo haber escogido una «influencer» que a simple vista se le nota que come muy saludable. Quizás debieron escoger un «influencer» que no esté tan en forma y que se note que, de vez en cuando, le gusta comerse sus calorías de más. De hecho, creo que si estuvo una o dos semanas promocionando el producto, fue mucho. **Es importante que estos «influencers», más allá de su cantidad de seguidores, tengan interacción positiva con su público y, sobre todo, que esa audiencia tenga las características de tu cliente ideal.**

Otro punto importante: No escojas «influencers» que estén saturados. Tengo estudiantes que me dicen que hay «influencers» que tienen un tiempo de espera de ¡hasta 3 meses! Esos no. ¡¿Cuántos negocios le enviarán mercancía?! Llega un punto en que su contenido puede parecer «spam». Muchas veces representan tantas marcas que no se esfuerzan para promocionar tu producto correctamente. Hay otros «influencers» que solo trabajan con contratos de exclusividad y por tiempo definido.

Mejor busca un «influencer» que tenga su público, su carisma y que cada vez que trabaje para ti, se esmere y te haga una buena promoción.

B. **Contáctalos:** Deberías contactarles por Instagram. Es la red social donde más fácil se consiguen. En su biografía tienen su información de contacto, una dirección de correo electrónico o teléfono. Puedes enviarle mensaje privado y presentarle tu intención de contar con sus servicios. Algunos de ellos son parte de una agencia de «influencers». Puedes contactar directamente a la agencia, le indicas qué tipo de «influencer» estás buscando y ellos trabajan contigo toda la negociación.

C. **Tipos de negociación:** Este punto es bien interesante porque puede haber muchos malentendidos si no se realiza correctamente. A continuación, te presento las alternativas:

1. **Obsequio:** Consiste en regalar tus productos a un «influencer» que admiras. Claro, tu intención interna quizás es que él promocione tus productos luego de recibirlos. Muchos de ellos, como muestra de agradecimiento, lo hacen; si lo hacen, te llevarán mucho tráfico a tu negocio. **Pero no están**

obligados a hacerlo porque, como bien mencionamos, es un obsequio. Si lo hicieron, bien, y si no, pues otro «influencer» lo hará. Hay personas que se molestan y luego le escriben barbaridades al «influencer». Repito, era un regalo. **El «influencer» no tiene que promocionar tu producto en las redes sociales. Sus plataformas tienen un valor y todos tenemos que entender eso y respetarlo.**

2. **Intercambio:** Consiste en proveer al «influencer» un producto que sabes que necesita a cambio de que te promocione en sus redes sociales. Quizás viste en sus historias que estaba en búsqueda de un producto que tú vendes o está pasando por una necesidad que tú sabes que tus productos pueden cubrir. Si este es el caso, puedes hacer un acercamiento por escrito para llegar a un acuerdo. Podrías indicarle que te has dado cuenta de que puedes cubrir una necesidad que él tiene y, a cambio, te gustaría que él pudiera documentar su experiencia con el producto en sus redes sociales. A mí me ha pasado. Hubo un tiempo que mi rostro tuvo varios brotes y en mis historias expresaba el descontento que tenía. Una seguidora me escribió un mensaje privado: «Vero tengo un suero para el rostro que puede ayudarte. Puedo enviártelo y si te funciona, ¿podrías compartir tu experiencia en las redes sociales?». Supe inmediatamente su objetivo, pero su manera de contactarme fue tan respetuosa y a la vez clara que le contesté que sí. Me envió el producto y, sorprendentemente, en cinco días mi cara estaba bastante cambiada. Así es que hice de tres a cuatro historias en mi Instagram contando lo sucedido y cómo el suero me había ayudado.

Ella recibió su tráfico, los sueros se le agotaron y yo tenía mi rostro cuidado. «Win-win» ¡para las dos!

3. **Servicio:** Consiste en contactarle para obtener sus servicios como «influencer». Esto puede variar mucho. Algunos te cobran por la cantidad de publicaciones; otros, por tipos de publicaciones (ejemplo, si el «influencer» saldrá en el contenido o simplemente publicará lo que tú le envíes). Hay otros que requieren contratos por meses o hasta un año. Lo importante de la negociación es que todo esté por escrito y bajo contrato para asegurar que ambas partes cumplen con sus responsabilidades. En este caso, como hay dinero envuelto, podrías considerar exigencias, tales como: exclusividad, mejores días y horarios, métodos de contenido, entre otros. Debes hablar con tu «influencer» o su agencia y preguntar qué servicios ofrece y cómo trabaja con las marcas. Esto es un tema abarcador, pero la idea central que quiero llevarte es que especifiques claramente qué andas buscando, que proveas exactamente la información que deseas que tu «influencer» comunique, que siga las guías de proyección de tu marca (qué cosas debe o no debe hacer el «influencer») y, sobre todo, que los acuerdos estén por escrito.

D. **Envío del producto:** Luego de establecer la negociación, por favor, envíalo, pero empácalo bien bonito y presentable. Puedes escribir una nota a mano, para que llame la atención y, muy importante: Deja claramente tu nombre de usuario, para que puedan etiquetarte donde vayan a promocionarte. He visto «influencers» promoviendo paquetes de productos en sus historias de Instagram y no tienen a quién etiquetar porque nunca le dejaron saber quién se los envió y cómo conseguirlo en las redes sociales. ¡Yo muero de tristeza y ansiedad cuando veo eso! Escríbele esa información clave que tú entiendes que es importante que ella o él mencione. Recuerda: ¡No olvides empacar lindo tu producto!

E. Pendiente a las redes: Finalmente, tienes que estar pendiente a las redes de esos «influencers». Siempre bien atento a esas publicaciones o «stories» (que es donde mayormente lo publican) y siempre republica ese contenido. Guárdalos en los **«highlights» de tu Instagram** para que esos «stories» se queden para siempre. Publica sus fotos en todas tus redes y hasta puedes crear un área en tu tienda *online* y titularla «Los artistas confían en nosotros, "influencers"» o «Testimonios» en la que presentes ese contenido y brindes confianza a quien te visite. Este es el momento donde recibirás tus «likes», tus ventas y el resultado de todo el proceso.

NOTA: No te concentres solo en el «influencer», si vendes productos de niños o mascotas, mira si tiene hijos o si tiene un perro reconocido. A veces los «influencers» aman que se acuerden, por ejemplo, de sus hijos antes que de ellos.

2. Aumenta tu lista de suscriptores
a. «E-mail marketing»

Esta estrategia consiste en crear distintas listas de correos electrónicos a base del comportamiento de tu consumidor. Puedes crear listas para clientes potenciales, clientes que compran por primera vez, clientes VIP o recurrentes, fechas de cumpleaños de clientes, clientes según las colecciones o productos que compran, consumidores que abandonaron el carrito. Tener estas listas bien identificadas y segmentadas te permite enviar correos electrónicos de manera automatizada para brindar información o promover nuevos productos, colecciones u ofertas. Además, puedes comunicarte de una manera personalizada, llamarlos por su nombre y hablarles de tal manera que puedas demostrarles que sabes sus gustos, necesidades e intereses. Algunas ideas de mensajes por correo electrónico: «Hola, Verónica. Sabemos que hoy es tu cumpleaños y por eso queremos obsequiarte equis producto». «Hola, Ana. Gracias por confiar en nosotros. Saber que esta es tu segunda compra nos tiene muy emocionados. Es por esto que queremos ofrecerte nuestro sistema de puntos...» y así, sucesivamente. Una buena y planificada estrategia de correos electrónicos aumenta hasta el 60% de las ventas de mis estudiantes. Tengo una estudiante que genera más de $30,000.00 mil dólares al mes en su tienda *online* y una de sus estrategias claves es este tipo de mercadeo. No siempre escribas para vender, puedes escribir para informar o educar. Las personas quieren conocer ese tras bastidor y educarse de nuevos conceptos relacionados con tu nicho. Si vendes productos para la piel, puedes considerar enviar noticias, blogs informativos o un tutorial de una rutina en la noche para el cuidado del cutis. Anímate a ir creando tu lista, como dice una de mis amigas: «El dinero está en la lista» y sí, lo está para todo tipo de negocio. Más allá de vender, úsalo también para conectar con tu cliente y cultivar la relación con un mensaje de agradecimiento, felicitaciones en fechas importantes o festivas como Despedida de Año, Día de las Madres, Acción de Gracias, cumpleaños, entre otros.

La plataforma de venta te provee estas direcciones de correos electrónicos cuando las personas compran o se suscriben en tu tienda *online*. Sin embargo, ¿cómo puedes conseguir los correos electrónicos de tus clientes potenciales que se encuentran en las redes sociales? Una de las maneras más fáciles es con ofertas de tus productos o regalando guías y artículos educativos. También puedes obsequiar muestras de tus productos a cambio de su correo electrónico. Recuerda algo importante, probablemente las redes sociales no van a desaparecer, pero pueden desaparecerte a ti en cualquier momento. Aumenta tu lista de suscriptores: esa información es tuya para siempre.

b. **«Messenger marketing»** El objetivo de esta estrategia es obtener tu lista de suscriptores, parecida a la de los correos electrónicos, pero por **Messenger** (mensajería privada de Facebook). El «Messenger marketing» consiste en instalar un robot («chatbot») en tu red social de Facebook, para que este obtenga suscriptores y pueda enviar información a sus mensajerías privadas. Existen varias formas de obtener suscriptores, algunas de ellas son:

1. que tus clientes potenciales comenten en tus anuncios
2. que te envíen un mensaje privado en tu página de negocio o
3. puedes enviar por correo electrónico tu enlace oficial para que puedan suscribirse manualmente.

Quizás tú y yo, como dueños de negocios, miramos nuestros correos electrónicos todos los días, pero muchos de nuestros clientes no lo hacen. Sin embargo, al momento de recibir un mensaje en sus «inbox» de Facebook, responden de una manera más rápida por ser un poco más accesible. Nosotros utilizamos este medio para enviar información de una orden, productos relacionados, los nuevos productos que han llegado a la tienda, números de rastreo e información adicional. Al igual que el «e-mail marketing», puedes crear botones de compra para transacciones más directas y rápidas. ¡Lo que todos quieren!

3. Crea anuncios con audiencias similares («look a like audience»):

Yo amo estos anuncios. Cuando ya mi tienda *online* me permite crear anuncios con audiencias similares, mi equipo y yo literalmente celebramos. En el momento en el que puedes crear anuncios de audiencias similares, tu tienda *online* está lista para «explotar» estos resultados. Estos anuncios consisten en conseguir audiencias parecidas a las que te han funcionado. Ahora le puedes decir a Facebook: «Ya tengo suficientes datos. Aquí adentro (en esta audiencia) tengo personas que han comprado en mi tienda *online*. Ahora, búscame personas parecidas a mi audiencia».

Ya en este momento no tienes que probar nuevos intereses que puedan representar tu cliente ideal —aunque, a veces, nos mantenemos buscando nuevos posibles intereses ganadores— porque ya ellos se encuentran en esa audiencia compradora. Ahora, simplemente quieres que Facebook siga trabajando para ti y que se encargue de buscar gente parecida a la que ya te compró. También puedes hacer audiencias similares para personas que han añadido productos en el carrito de compra o que hayan comenzado a dar la información de pago y no completaron el proceso. Pero el más poderoso es el que compra. Claro, eso es lo que queremos, ¿no?

Ahora te toca a ti:
Expande tu negocio

1. ¿Qué estrategias utilizarás para expandir tus resultados?

_____

_____

_____

_____

_____

2. ¿Cuáles «influencers» escogerías para promocionar tu tienda *online*?

_____

_____

_____

_____

3. Identifica qué podrías regalar para obtener los correos electrónicos de tus clientes potenciales.

_____

_____

_____

_____

_____

4. Toma una foto de tu libro y etiquétame en las historias de Instagram usando el nombre de usuario @veronica_avilessm

Regístrate en www.comienzatutienda.com para que sigas avanzando.

« En los tiempos que vivimos, todo negocio tiene que considerar el comercio electrónico como parte esencial de su modelo operacional para ofrecer sus productos o servicios de manera digital».

—Verónica Avilés

El «e-commerce»: el negocio que salvó al mundo

En tiempos de pandemia, el «e-commerce» fue el negocio que salvó al mundo, literalmente. Algunos negocios no tuvieron que dejar sus operaciones y otros, tuvieron que salir de la zona de confort y actualizar su modelo de negocio. Muchas personas se reinventaron en el momento en que se quedaron sin trabajo y ahora generan el doble que cuando eran empleados. Y los consumidores recibieron a la puerta de su hogar los productos de primera necesidad, ropa, alimentos, asesorías, consultas médicas, equipos de entrenamientos, entre otros.

Desde el 2016, he estado segura, y así lo he expresado, de que el «e-commerce» es el negocio perfecto y el tiempo lo ha confirmado. Te aseguro que no se quedará donde está, seguirá en tendencia y aumentando exponencialmente. Cada día serán más las empresas de diversas categorías que se sumarán a este nuevo estilo de negocio. En los tiempos que vivimos, **todo negocio tiene que considerar el comercio electrónico como parte esencial de su modelo operacional** para ofrecer sus productos o servicios de manera digital. Además, ¡es tener todo el planeta al alcance de una computadora o celular! No es momento para limitar nuestros ingresos u oportunidades por falta de conocimiento. Las herramientas están disponibles y se encuentran 24/7. Ya pudiste ver en este libro que existen muchas alternativas para poder crear tu tienda *online* y expandir sus posibilidades desde la comodidad de tu hogar ¡o desde cualquier parte del mundo! Es un negocio que trabaja a tu conveniencia. ¡Totalmente mágico!

El que hayas leído hasta aquí, refleja que eres una persona comprometida y que tienes muchos deseos de avanzar en el «e-commerce», pero de manera segura. Confío que hayas visto la gran oportunidad que *La magia de crear tu tienda online* pone en tus manos. Te aseguro que tu pasión por este negocio irá creciendo a medida que utilices cada paso que he delineado, porque así yo la vivo cada día. Me apasiona porque evoluciona constantemente, porque puedo compartir la información con personas como tú y, sobre todo, porque le da la oportunidad a aquellos que no tienen la experiencia o suficientes recursos –como cuando yo comencé– para iniciar un negocio escalable y próspero.

Te recomiendo que utilices *La magia de crear tu tienda online* como referencia constante en tu negocio. Ya sea para usar las listas de cotejo mientras creas tu tienda o para recordar estrategias que te harán ganar más, mucho más rápido.

Haz un acto de aparición en mis redes: Toma una foto de tu libro y etiquétame en tus historias de Instagram utilizando el nombre de usuario @veronica_avilessm.

¡Provoca que la magia de crear tu tienda *online* entre a tu vida!

Nos vemos en las redes,

Verónica

Glosario

«e-commerce»: El comercio electrónico es la compra y venta de productos o servicios por medios digitales.

«drop shipping»: Técnica de venta al detal (o al por menor) que consiste en escoger productos de un suplidor. Solo cuando se venda el producto, el suplidor se encarga del procesamiento y envío del producto directamente al consumidor.

tienda *online*: Plataforma o sitio web donde los vendedores colocan sus productos o servicios al alcance de clientes potenciales o clientes recurrentes. Incluye imágenes, costos y descripción de estos.

Shopify: Plataforma reconocida para crear, desarrollar y lanzar tiendas *online*.

nicho: Un segmento del mercado en cuyos individuos poseen características e intereses parecidos.

dominio: Es un enlace único que identifica una plataforma o página web en la internet.

campaña de anuncio: Es la primera etapa de crear anuncios en la plataforma de anuncios de Facebook. Aquí es donde eliges el objetivo de promoción de tu negocio, productos o servicios.

conjunto de anuncios: La segunda etapa de crear anuncios en la plataforma de anuncios de Facebook. Aquí identificas el público a impactar. Elegirás aspectos como el lugar, el sexo, la edad, etcétera. También crearás un presupuesto, establecerás el calendario del anuncio y elegirás las ubicaciones.

anuncio: Tercera etapa para crear tu anuncio en la plataforma de anuncios de Facebook. Esta es el área donde diseñas lo que verán tus clientes o tu público. Aquí eliges el contenido, que puede incluir elementos como fotos, vídeos, texto y un botón de llamada a la acción.

Pixel ID: El píxel es una herramienta, un código de 15 dígitos, que te provee la plataforma de anuncios de Facebook para medir la efectividad de tus anuncios, mediante la identificación y rastreo de las acciones que las personas realizan en tu sitio web.

«e-mail marketing»: Es el mercadeo por medio de correos electrónicos. Se utiliza para crear una audiencia leal; enviando correos para anunciar o promover nuestros productos o servicios, así como brindar contenido de calor para nuestros clientes.

CPM: Este indica el costo por mil impresiones.

CPC: Parámetro a medir en tus anuncios de la plataforma de Facebook. Indica el costo por cada clic.

CTR («click through rate» - porcentaje de clics en el enlace): Parámetro de medición en tus anuncios de la plataforma de Facebook. Es un porcentaje que se calcula dividiendo el número de clics que recibe un anuncio entre el número de veces que se muestra un anuncio.

alcance: Número de personas que vieron tus anuncios. Puede incluir varias visualizaciones de los anuncios por parte de las mismas personas.

frecuencia: Parámetro de medición en tus anuncios de la plataforma de Facebook. Mide la cantidad promedio de las veces que cada persona vio tu anuncio.

ROAS («return on ad spend») - Parámetro de medición en tus anuncios de la plataforma de Facebook. Mide el retorno de la inversión en publicidad.

remercadeo: Anuncios cuya función es poder interactuar y enseñar contenido educativo o de venta a personas que de alguna manera u otra han interactuado con tus plataformas de redes sociales o tienda *online*.

audiencias similares («look a like audience»): Tipo de audiencia que se crea en la plataforma de anuncios de Facebook que acumula las características de tus clientes o personas que han tenido algún comportamiento en tus plataformas de redes sociales o tienda *online*. El objetivo es utilizar las características de esta audiencia al crear anuncios para que Facebook exponga nuestro contenido a personas similares a nuestros clientes potenciales o clientes.

Sobre la autora

Verónica Avilés es una de las líderes de educación de «E-commerce» más destacadas en Latinoamérica, Puerto Rico y Estados Unidos. Ha educado miles de latinos alrededor del mundo en temas de comercio electrónico y mercadeo digital. Autora del «best-seller» en Amazon: *La magia de reinventarte*. «Top Podcaster» en más de diez países, en la categoría de «marketing». Es la creadora del programa más exitoso de comercio electrónico: el Programa eCommerce Avanzado, que tiene miles de estudiantes activos en todo el mundo.

Se ha desempeñado como consultora de «e-commerce» para marcas como Bacardí, INprende, Maripily Rivera, Zuleyka Rivera, Burbu Store, Daniela Droz, Suzanne Ujaque "WepaBox", Alexandra Fuentes, Libros Nilsa Ortega, Escuela de Baristas de Puerto Rico y muchas otras. Mantiene «partnership» con Shopify, Amazon, Neom Traders, Klaviyo y Mailchimp. Conferenciante internacional, certificada como «professional speaker» por el experto en liderazgo #1 del mundo, John Maxwell, y es miembro activo del John Maxwell Team.

Nació en Puerto Rico. En el 2012, se graduó de Ingeniería Ambiental, de la Universidad Politécnica de Puerto Rico. Ese mismo año, comenzó a trabajar en la

Autoridad de Acueductos y Alcantarillados de Puerto Rico, como ingeniera supervisora de una de las plantas de alcantarillados más grandes del Caribe. Al ver que sus oportunidades de crecimiento eran escasas, al segundo año, comenzó la búsqueda de una alternativa de ingreso que le gustara y redescubrió sus habilidades para obtener su libertad.

Bibliografía

Brunson, Russell. (2020). *Traffic Secrets*. Hay House, Inc. USA.

Edwards, Jim. (2018). *Copywriting Secrets*. Author Academy Elite, USA.

Goding, Seth. (2018). *This is Marketing*. Porfolio/Pinguin, New York, USA.

Levinson, Jay Conrad. (2007). *Guerrilla Marketing*. (4th Edition). Houghton Mifflin Company. Boston, USA.

Miller, Donald. (2020). *Marketing Made Simple*. Harper Collins Leadership, USA.

Miller, Donald. (2017). *Building a Story Brand*. Harper Collins, USA.

Vaynerchuk, Gary. (2009). *Why now is the time to Crush it!* Harper Collins, New York, USA.

Testimonios

«Todos los días aprendo algo nuevo de "e-commerce" y todos los días Verónica me motiva a salir de la caja. Su Programa eCommerce Avanzado es organizado y completo. El contenido refleja su compromiso y la nitidez y perfección en todo lo que hace. Su libro La magia de reinventarte es una herramienta para consultar en todo momento. Definitivamente, ha impactado mi vida como persona y emprendedora».

–Catherine (www.somosshop.com)

«El programa de Verónica Avilés era el empujoncito que le faltaba a mi negocio. Mi estrategia de venta cambió gracias a sus consejos y "mentorías". Como resultado, he crecido enormemente. Vero, eres un ejemplo para seguir. Muchas gracias».

–Yibel Figueroa, CEO Greenbites (www.greenbitespr.com)

«Ha sido una bendición estar en el Programa eCommerce Avanzado. He aprendido tanto. Es un programa bien completo y he aprendido a tener confianza en mí misma. Gracias, Verónica».

–Rosalyn Ortiz (www.jewelrymilenial.com)

«Comencé el Programa eCommerce Avanzado con Verónica Avilés porque apareció la oportunidad perfecta para comenzar un negocio propio, pero no sabía cómo comenzar. El programa es muy completo y te lleva de la mano, paso a paso, para comenzar tu tienda online de inmediato y de la manera correcta. Pude recuperar mi inversión en los primeros meses de haber lanzado. El programa me mantiene al día con las últimas estrategias de mercadeo digital. Mi negocio está en constante crecimiento.

Verónica es muy dinámica, transparente y un recurso con mucha información valiosa para llevarte a lograr tus metas».

–Carlos Cardona, Costa Marino–

«Vero ha sido pieza clave en el progreso, para modernizar nuestra marca y nos ha llevado paso a paso para unirnos al mundo digital en todos los aspectos. Gracias por ayudarnos en nuestra transformación de tienda física a *online*».

–Nilsa Ortega de Rodríguez (www.librosnilsaortega.com)

«Verónica me ha ayudado a ser realidad el sueño que anhelaba. Gracias a su conocimiento pude lanzar mi tienda *online* YMAR Boutique. ¡Aún no me lo creo! Estar en el Programa eCommerce Avanzado ha sido una bendición».

–Yesika Román (www.ymarboutique.com)

«Lo que comenzó como una tienda de productos *online* se ha convertido en una plataforma muy completa que brinda desde productos, talleres, blog y hasta mi «podcast». Soy estudiante del Programa eCommerce Avanzado y este me ha permitido llevar mi negocio a otro nivel. Vero te lleva de la mano, das pasos firmes, te mantienes actualizada y tienes las estrategias óptimas para el comercio electrónico».

–Vanessa Soto (www.blessedgirlshop.com)

«El Programa eCommerce Avanzado de Verónica Avilés me ayudó a lanzar mi tienda *online* en tiempo récord. Me llevó paso a paso desde la creación hasta el lanzamiento. Verónica y su equipo siempre están disponibles para contestar tus preguntas. Sin duda alguna es la mejor inversión que puedes hacer si quieres lanzar una tienda *online* de calidad».

–Annette Colón (www.loftenaturalcare.com)

«Decidí comenzar con eCommerce Avanzando para crear mi propio negocio *online* con ayuda en todo este proceso que desconocía. El contenido es excelente en todos los aspectos. La motivación, apoyo y educación continua que se ofrece es todo y más de lo que esperaba. Vero una excelente profesional, motivadora, con demasiado de conocimiento y dispuesta totalmente a dar lo mejor para sus estudiantes».

–Michelle Trinidad, Casa Chic

«Entré al Programa eCommerce Avanzado de Verónica Avilés para hacer mi tienda en tiempo récord y de la manera correcta. Sin correr riesgos. El contenido del programa es supercompleto y bien fácil de comprender. Me da la oportunidad de actualizar la tienda con nuevos "updates" porque siempre va adelante con lo nuevo que sale en la plataforma. Recuperé la inversión el primer mes de lanzamiento y tuve ganancias. Ha ayudado a que mi negocio salga de mi isla Puerto Rico y se abra al mundo. Verónica es la dura del «e-commerce», la mentora que todos deben tener, siempre dispuesta y enfocada en que sus alumnos entiendan cada lección a la perfección. Es la mejor».

–Annette Colón Troche, www.lofte.care

«Gracias al contenido del programa, recursos y seguimiento, mano a mano con Verónica, he logrado que mi negocio *online* escale a otro nivel. Pienso que junto al programa, la comunidad hermosa de emprendedores es clave para mantenernos enfocados, en constante aprendizaje. Amo la pasión y el compromiso de Verónica que constantemente nos brinda toda la capacitación y actualización en cada uno de los temas. En fin, estar en este programa es tenerlo todo en un mismo lugar».

–Vanessa Soto, Blessed Girl Shop (Blessedvs)

«Mi sueño siempre fue tener mi propia tienda *online*. Tenía que tener una mentora y decidí que tenía que ser tú. El Programa eCommerce Avanzado es espectacular. No es fácil conseguir algo tan completo. Este me ha abierto muchas puertas. He aprendido demasiado sobre el «e-commerce», he hecho ventas a nivel internacional. Mi inversión está recuperada. Verónica es tremendo ejemplo a seguir. Nos da motivación día a día para lograr nuestros sueños».

–Doris A. Pacheco Muñiz, Tropical Boutique PR

«En vez de hablar de ganancias, que sí las he tenido, deseo hablar de la confiabilidad y el compromiso de Verónica Avilés y su equipo. Fui de las primeras que compró el curso y ha sido la mejor inversión que he hecho. He comprado otros cursos con este mismo concepto, y jamás se comparan a eCommerce Avanzado. El equipo de eCommerce nunca te deja solo, siempre están disponibles para ayudarte. Verónica es una mujer comprometida y honrada, es accesible, siempre te mantiene al tanto de todo lo nuevo en este mundo de las redes sociales. Da más de lo que ofrece el curso, te ayuda, va más allá y hasta que no resuelves el problema no te suelta. No se van a arrepentir».

– Dianaris Torres, Resplandece Makeup Boutique

«Con Verónica Avilés hemos aprendido todo lo esencial para comenzar nuestra tienda *online*. Siempre ha estado presente en todas las etapas de nuestro negocio. Luego de más de dos mil órdenes procesadas y haber abierto nuestra primera tienda física en el Viejo San Juan, Verónica sigue siendo inspiración y ayuda para nosotros siempre que sea necesario».

– Camilo Pulido, Arrecife Beachwear

«Aún recuerdo nuestra primera reunión sobre abrir nuestra tienda *online*. Verónica me hizo la pregunta que cambió mi manera de pensar por completo. "William, ¿qué te dice tu audiencia?, ¿qué te dicen los datos de Facebook e Instagram?". Desde ese momento supe que serías una herramienta esencial en el desarrollo digital de nuestra empresa. Hoy día www.zafiroshop.com corre como una tienda independiente, con miras a llevar nuestro producto a cada rincón del mundo. ¡Gracias Vero!».

-William Mc Graw, CEO, Zafiro, Co.

eCommerceAvanzado
Gana Mucho Más $$$... Mucho Más Rápido

Regístrate en www.comienzatutienda.com para que sigas avanzando.

Made in the USA
Columbia, SC
13 April 2021